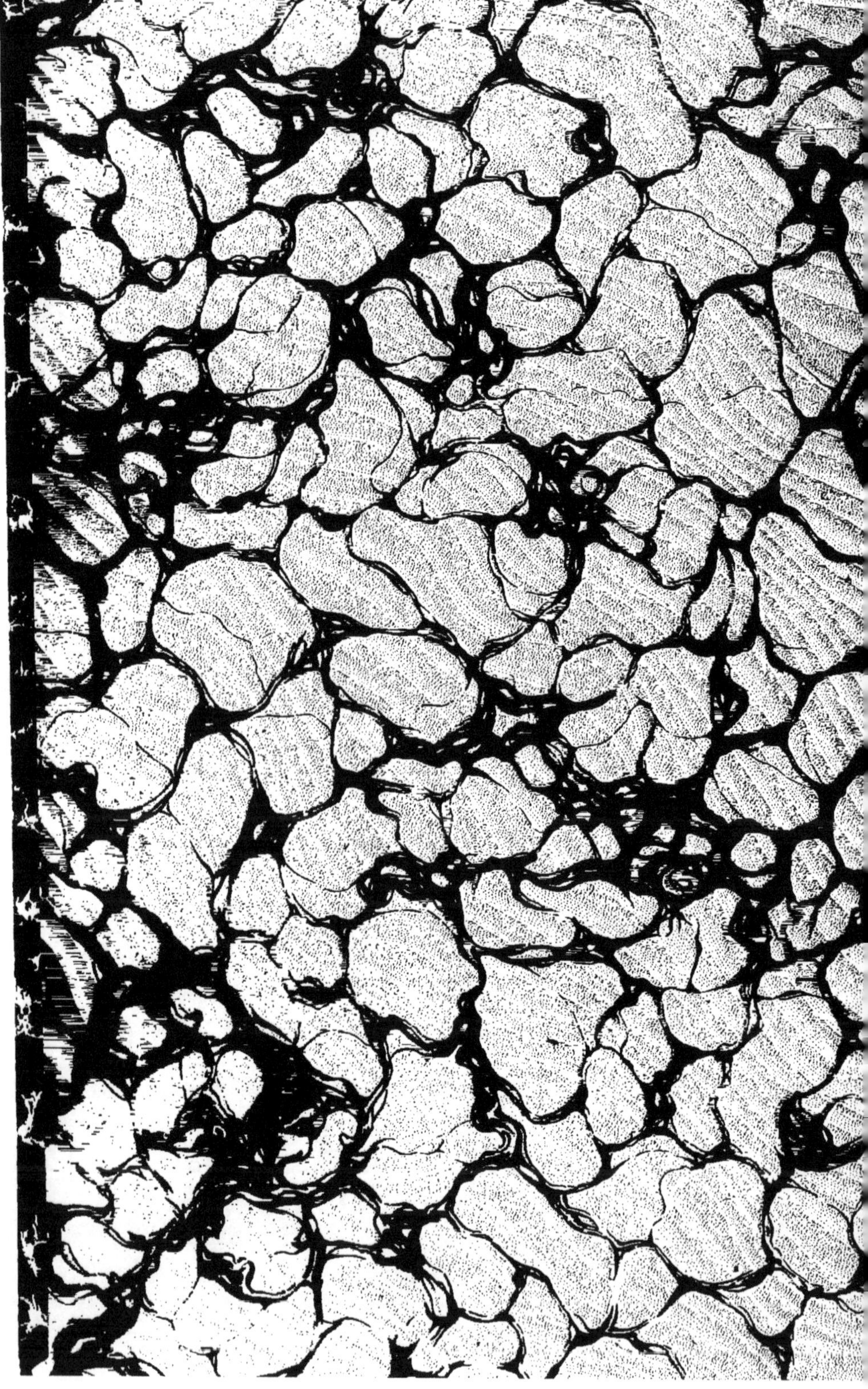

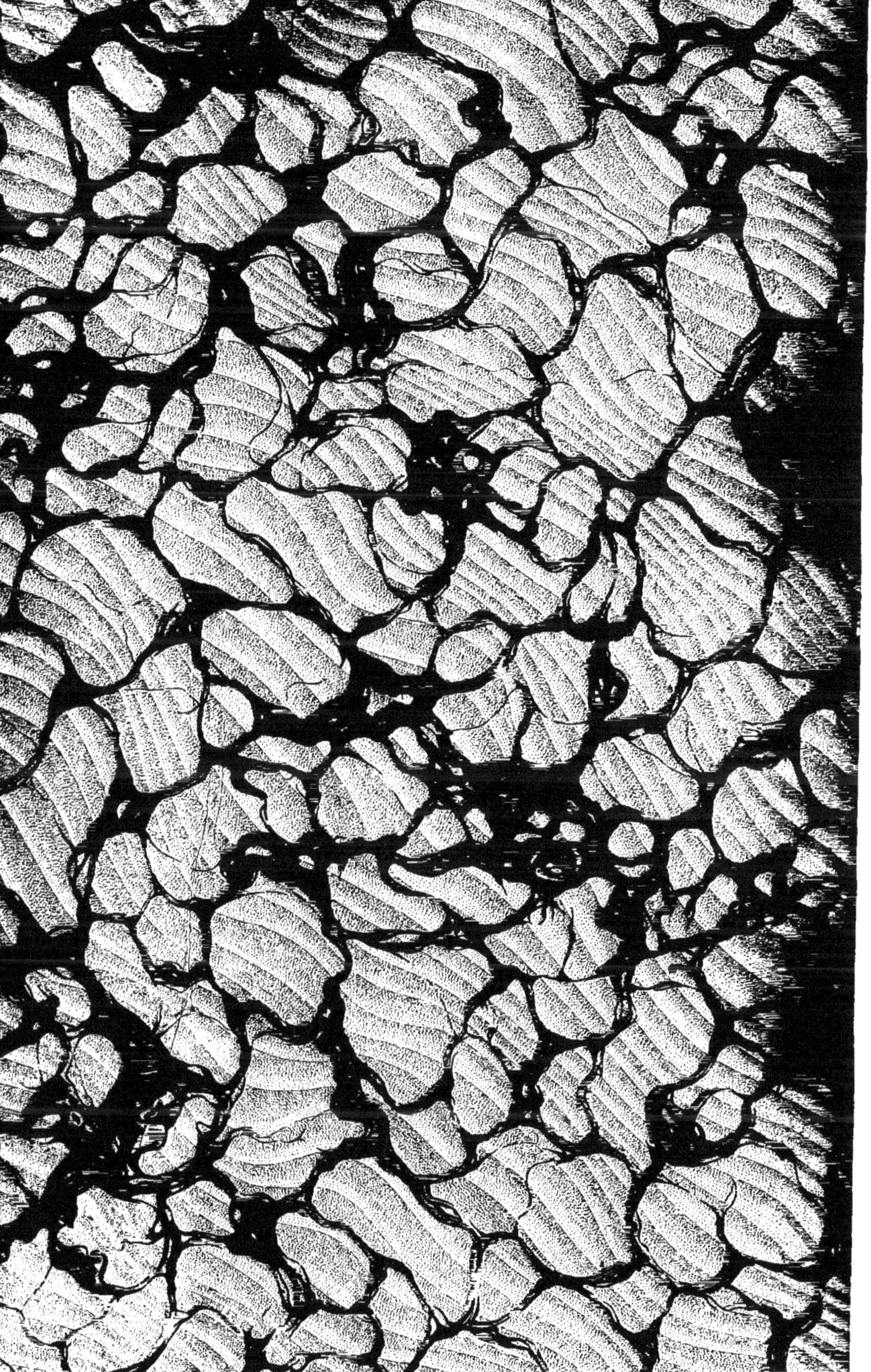

A TRAVERS
LE DÉSERT

PAR

E. CAT

DOCTEUR ÈS LETTRES,

PROFESSEUR DE GÉOGRAPHIE DE L'AFRIQUE A L'ÉCOLE DES LETTRES D'ALGER.

LIBRAIRIE GEDALGE

75, RUE DES SAINTS-PÈRES, 75

PARIS

A TRAVERS LE DÉSERT

PARIS. — TYPOGRAPHIE GASTON NÉE.
1, RUE CASSETTE, 1.

A TRAVERS
LE DÉSERT

PAR

E. CAT

DOCTEUR ÈS-LETTRES,
PROFESSEUR DE GÉOGRAPHIE DE L'AFRIQUE A L'ÉCOLE DES LETTRES D'ALGER.

LIBRAIRIE GEDALGE
75, RUE DES SAINTS-PÈRES, 75
PARIS

A TRAVERS LE DÉSERT

CHAPITRE PREMIER

LA RECONNAISSANCE DU SAHARA — LES EXPLORATIONS SAHARIENNES

Le Sahara ou Grand Désert a été pendant longtemps une des régions les moins connues de l'Afrique. L'imagination populaire se donnait libre carrière à son sujet; on se le figurait volontiers comme une immense plaine brûlante, qui retentissait des rugissements des lions et où le simoun soulevait les sables en énormes tourbillons engloutissant les caravanes; d'autres, avec plus de prétention scientifique, y voyaient le fond sablonneux d'une vaste mer desséchée, parsemée de loin en loin d'oasis, qui auraient été des îles et des archipels, dans les temps qui précèdent l'histoire. Sur l'étendue même, sur les limites du Grand Désert, on n'avait pas non plus de données précises; on le cherchait tout près de nos villes d'Algérie, d'Alger, de Bône, d'Oran. Nos soldats de 1830 croyaient l'apercevoir du littoral, dans tout paysage aux tons fauves, sur lequel se détachait à l'horizon quelque palmier élancé ou l'étrange silhouette d'un chameau. Aujourd'hui le Sahara est nettement délimité ; tous les géographes sont d'accord pour appeler de ce nom la vaste contrée aride et peu habitée, qui va des flots de l'Atlantique jusqu'au sillon où coule le Nil, du pied de l'Atlas marocain et algérien jusqu'au Sénégal et au Niger, sur une longueur de 5,000 kilomètres, avec une largeur moyenne de 1,500 à 1,800 kilomètres, contrée couvrant une surface de 6 millions de kilomètres carrés, grande par conséquent treize fois comme la France. Cette immense étendue de terres a été traversée plusieurs fois dans le sens de l'Ouest à l'Est et du Sud au Nord ; des réseaux d'itinéraires tracés par de courageux voyageurs, s'y croisent en tous sens, et, si on ajoute à cela les renseignements qu'on a pu obtenir des indigènes sahariens, on verra que cette immense surface est aujourd'hui assez bien connue.

Avant d'aborder l'étude de cette région, il n'est pas inutile de rappeler les noms des vaillants explorateurs du Sahara, de faire connaître les résultats de leurs travaux. Au XVIIIe siècle, on n'avait sur cette partie de l'Afrique que des notions vagues, empruntées à Léon l'Africain, écrivain d'origine arabe, et du XVIe siècle. On connaissait de nom une ville populeuse à l'extrémité sud du désert, Timbouctou, où un matelot français, Paul Imbert, avait été retenu prisonnier en 1670; on en faisait la capitale du Sahara, une ville merveilleuse, pleine de monuments somptueux et de richesses de tous genres. En 1788, l'Association pour l'exploration de l'Afrique qui se constitua en Angleterre inscrivit dans son programme des voyages aux régions sahariennes. Ledyard, le premier de ses missionnaires, mourut au début même de l'entreprise, en Égypte; la même année, le major Lucas, qui cherchait à pénétrer au Désert par le sud de la Tripolitaine, fut arrêté par une guerre civile des

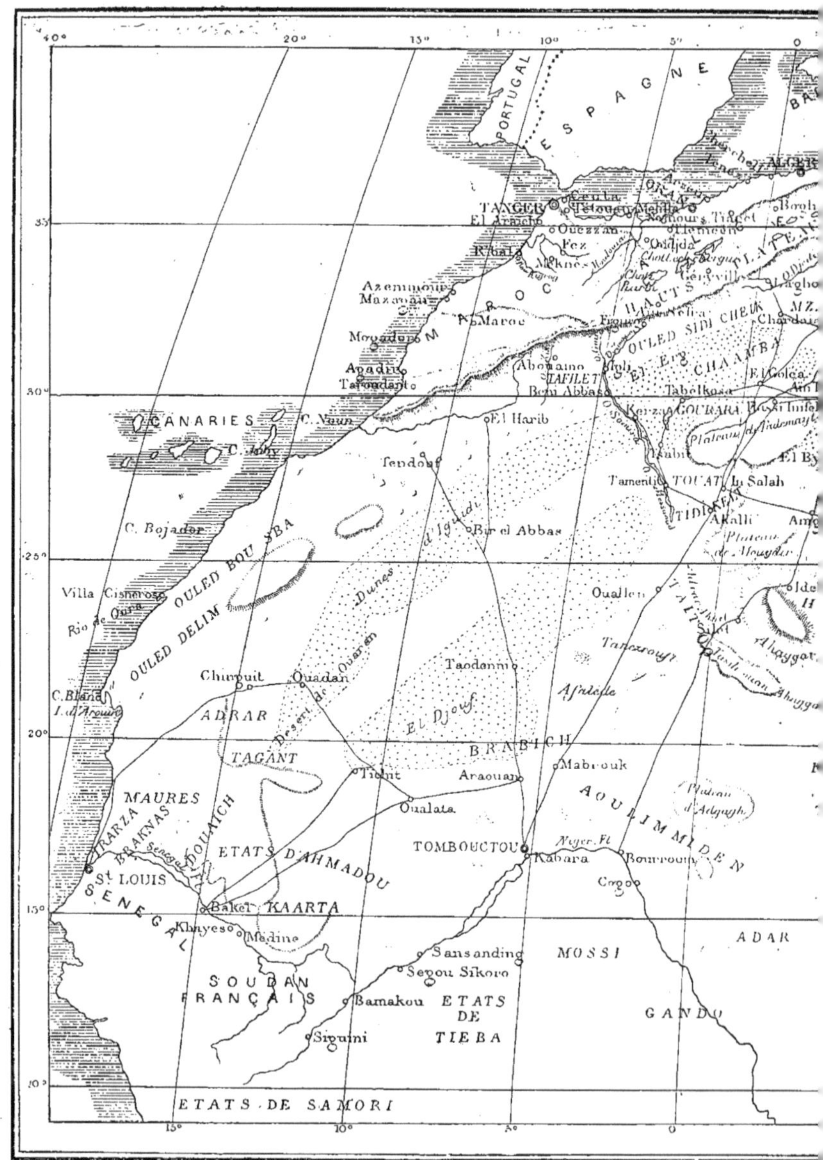

les lignes droites ——— indiquent les routes de caravanes

Carte

Echelle

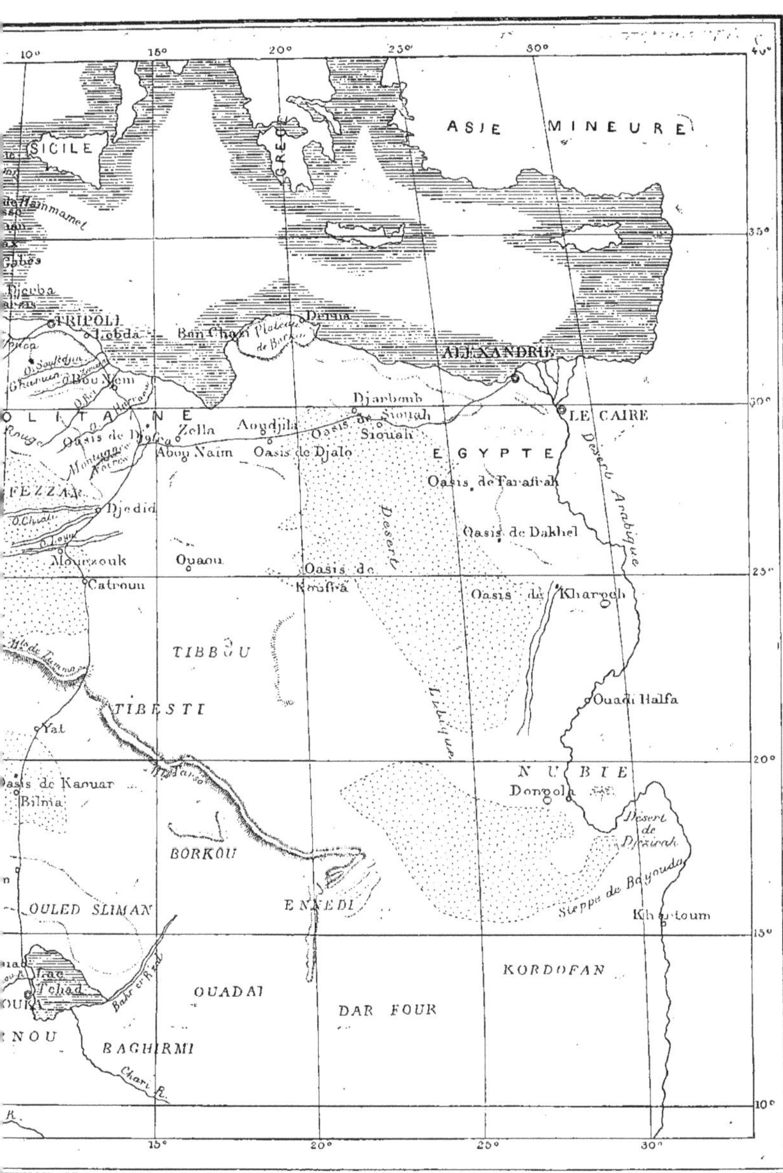

SICILE
GRECE
ASIE MINEURE
TRIPOLI
Lebda
Ben Ghazi
Plateau de Barka
Derna
ALEXANDRIE
LE CAIRE
Djarboub
Siouah
Oasis de Siouah
Zella
Aoudjila
Abou Naim
Oasis de Djalo
EGYPTE
Oasis de Farafrah
Oasis de Dakhel
Désert Arabique
Désert Libique
FEZZAN
Djedid
Mourzouk
Ouaou
Catroun
Oasis de Koufra
Oasis de Khargeh
TIBBOU
TIBESTI
Ouadi Halfa
Yat
Oasis de Kaouar
Bilma
NUBIE
Dongola
Désert de Djezirah
BORKOU
Steppe de Bayouda
OULED SLIMAN
ENNEDI
Khartoum
KORDOFAN
Lac Tchad
OUADAI
DAR FOUR
BAGHIRMI
Chari R.
Bahr el Ghazal

tribus de ce pays, mais rapporta du moins quelques renseignements utiles; en 1791, le major Houghton essaya de gagner, par la Sénégambie, le Sahara occidental, mais fut assassiné ou mourut de faim à Djarra, après une course de quelques jours dans le désert. Hornemann, en 1799, pénétra dans la grande oasis du Fezzan, où il fut bien accueilli, et rapporta de précieuses observations. Le capitaine Lyon, qui refit le même voyage vingt ans après, émit l'opinion que du Fezzan on pourrait facilement traverser le Sahara et arriver au Bornou. L'Association anglaise donna des instructions en ce sens à une mission composée du docteur Oudney, du capitaine Clapperton et du major Denham; elle partit de Tripoli au printemps de 1822, s'arrêta longtemps au Fezzan, passa par le pays des Tibbous, arriva en 1823 au Bornou et consacra dix-huit mois à l'exploration des contrées voisines, et enfin revint en Europe par le Fezzan et Tripoli. Cette grande exploration est une des plus importantes qui aient été faites dans le nord de l'Afrique et marque un progrès considérable dans l'histoire de la géographie.

Cependant la mystérieuse cité de Timbouctou demeurait invisible. En 1824, la Société de géographie de Paris promettait un prix de 10,000 francs à celui qui, le premier, y parviendrait et donnerait sur elle des renseignements précis. Un Anglais, qui avait déjà fait un voyage d'exploration dans la Sénégambie, le major Laing, partit de Tripoli avec l'intention d'aller à Timbouctou. Il visita Radamès, puis In-Salah, qu'il quitta le 10 janvier 1826, après en avoir observé avec soin la longitude et la latitude. A la suite d'une des nombreuses caravanes qui vont vers la ville qu'il voulait atteindre, il traversa le désert crayeux du Tanezrouft; le onzième jour, vingt Touareg se joignirent à la petite troupe et peu après l'attaquèrent. Laing fut blessé assez grièvement; pourtant il poursuivit courageusement sa marche et parvint, le premier des Européens, à la mystérieuse cité des bords du Niger. Il y séjourna quelque temps, puis reprit la route du Nord. Depuis, on ne reçut plus de ses nouvelles. Ce n'est qu'en 1828 qu'on apprit par un voyageur français dont nous parlerons bientôt, René Caillié, qu'il avait été attaqué de nouveau par les Touareg et massacré par eux. D'autres voyageurs, comme Barth et Lenz, apprirent aussi le sort du malheureux Laing et recueillirent de la bouche des indigènes des versions assez diverses sur la manière dont il était mort. Ses papiers, qui étaient d'une grande importance pour la science, étant donnée l'exceptionnelle valeur de Laing comme explorateur, ont été dispersés et sont perdus. Si la postérité lui reconnaît le mérite d'avoir le premier visité Timbouctou, du moins ses contemporains n'en purent rien savoir, et le programme proposé par la Société de Géographie, programme qu'il rêvait de réaliser, demeurait encore inexécuté en l'année 1828.

Le 3 octobre de cette année, M. Delaporte, vice-consul de France à Tanger, eut le plaisir d'apprendre à la Société de Géographie de Paris, que la longue et difficile traversée venait d'être accomplie par un Français. Quelques jours auparavant, en effet, notre consul avait vu un derviche mendiant, en haillons, maigre et pâle, la besace de cuir sur le dos, se jeter sur le seuil de sa porte et lui demander, non l'aumôme, mais la protection due à un compatriote qui venait du Sénégal par Timbouctou et le Désert. M. Delaporte ne pouvait en croire ses yeux, mais il dut se rendre à l'évidence. La Société de Géographie aussi hésita quelque temps, tant la faiblesse du voyageur et la modicité de ses ressources étaient peu en rapport avec la grandeur des actions et l'héroïsme montré : l'enquête qu'elle ouvrit démontra que le jeune et pauvre René Caillié avait bien accompli le mémorable voyage, et il ne resta plus d'incrédules que parmi les Anglais ; ils ne pouvaient admettre qu'un

Français eût réussi dans la tâche où leur compatriote avait échoué et péri.

Triste et touchante histoire que celle de René Caillié ! Né de parents pauvres, près de Niort, il n'avait pu recevoir qu'une instruction primaire et avait dû gagner sa vie dès l'enfance. A peine âgé de seize ans, en 1818,

RENÉ CAILLIÉ

il avait été pour la première fois au Sénégal et avait fait 160 lieues à pied, à travers un pays désert ou habité par des populations hostiles, pour aller rejoindre à Bakel, en qualité de volontaire, la mission anglaise d'exploration du major Gray. Une maladie grave, causée par le séjour dans un pays insalubre, le força de revenir en France. A peine remis, la passion des voyages le reprend et il se rend de nouveau à Saint-Louis du Sénégal avec une pacotille. Séduit peu après par le programme qu'avait tracé la Société de Géographie, il va vivre une année entière chez les Maures Brakna, apprend à parler leur langue, s'initie à leur religion et à leurs coutumes, s'habitue à leur manière de vivre, puis, s'étant ainsi préparé à pouvoir traverser le Désert, il demande quelques subsides au gouvernement de notre colonie pour accomplir ses projets. On le tient pour un rêveur, pour un fou ; peu s'en faut qu'on ne le traite d'aventurier, de charlatan. A cet enthousiaste qui voulait s'illustrer par de grandes choses, on propose une place de jardinier ou d'empailleur d'oiseaux. Méconnu à ce point, il ne réclame plus qu'une somme de 100 francs qui lui était due, puis, comme il dit lui-même, « secouant la poussière de sa chaussure arabe sur le sol de Saint-Louis, il quitta cette île inhospitalière, se fit conduire en canot dans le Cayor, et seul, à pied, sans passeport, sans lettre de recommandation, sans autre ressource que ses 100 francs, il atteignit Gorée ». De là, il gagna Freetown. Le chef de cette colonie anglaise, qui avait entendu parler de ses projets, chercha à le fixer et lui confia la direction d'une fabrique d'indigo, emploi qui rapportait 3,600 francs. En un an, Caillié mit de côté 2,000 francs. « Cette somme, dit-il, me parut suffisante pour aller au bout du monde. » Trois années s'étaient écoulées depuis que l'idée de traverser le Désert avait commencé à hanter son imagination ; il avait mûri son projet ; l'heure de partir était enfin venue.

Il s'abouche d'abord avec des Maures dont il gagne l'amitié par quelques cadeaux ; il leur raconte sous le sceau du secret qu'il est né en Égypte de parents arabes et qu'il a été emmené en France dès son bas âge, que maintenant qu'il a été affranchi par son maître, il a pour vœu le plus cher de retourner dans son pays natal et d'y reprendre les pratiques de la religion musulmane. Il récite quelques versets du Coran à ses interlocuteurs ; le soir, il dit la prière avec eux. Sous son costume de marabout, avec son teint bronzé par le soleil, nul ne reconnaîtrait l'enfant des Deux-Sèvres. La fable qu'il a imaginée s'accrédite et va lui permettre de traverser l'Afrique du Nord-Ouest.

Il part en avril 1827, vêtu d'un burnous et recommandé par un commerçant français du Rio-Nunez à un chef noir, nommé Ibrahim. Il emporte avec lui une pacotille d'objets destinés à lui tenir lieu de monnaie et qui pèse 100 livres; un esclave foulah porte ce modeste bagage sur sa tête. Partout, la fable du faux musulman racontée par Ibrahim avec de nouveaux développements vaut au pauvre voyageur une réception cordiale; il traverse ainsi tout le Fouta-Djallon et arrive à Cambaye où s'arrêtait Ibrahim. Il s'y repose vingt jours et en repart avec une quinzaine de compagnons conduits par un vieux noir, et qui allaient faire du commerce sur le Niger. Il y parvint après une marche longue et pénible, après avoir dû demeurer cinq mois à Timmi, dans le Bambarra, les pieds ensanglantés, miné par le scorbut et la fièvre, soigné par une vieille négresse qui avait pris pitié de lui. La vue du Niger à Djenné, du fleuve majestueux et encore mal connu, le dédommagea de ses rudes épreuves et ranima ses espérances. « J'arriverai à Timbouctou, disait-il, ou je mourrai. J'aurai les 10,000 francs promis par la Société de Géographie, ou bien ma sœur les recevra avec la nouvelle de ma mort. » Le 28 avril 1828, en effet, plus d'un an après son départ, il entre dans la mystérieuse cité; il ne la trouve ni aussi peuplée, ni aussi somptueuse qu'on l'imaginait et il n'y aperçoit qu'un millier de maisons en terre avec quelques places et mosquées; pourtant, c'est un des grands marchés du centre de l'Afrique, car des caravanes y viennent du Sénégal, du Haoussa, du Bornou, du Fezzan et des pays barbaresques. Caillié obtient de se joindre à une de ces caravanes qui repartait pour le Maroc; après quinze jours passés à Timbouctou, il peut songer au retour. Maintenant qu'il a atteint le but longtemps rêvé, il veut revenir dans sa patrie pour dire tout ce qu'il a vu et observé; mais que le monde civilisé est loin encore! Il y a tout le Désert à traverser, et le voyageur, qui sur sa longue route a épuisé toute sa pacotille, n'a plus de quoi payer une poignée de farine ou une goutte d'eau ; les Maures l'injurient et le frappent ; les plaies qu'il avait aux pieds se rouvrent et il marche pourtant, sous la chaleur accablante, parce que rester en arrière, c'est la mort certaine et horrible; c'est pis encore; c'est l'avortement de sa noble entreprise, c'est la destinée du major Laing. Caillié se traîne pendant trois longs mois à travers le désert par Araouan, Taodeni, Bel-Abbas, El Harib, le Tafilelt et arrive au Maroc. Là, nouvelles transes : malheur à lui s'il est reconnu pour un chrétien. Courant la nuit pour ne pas être découvert, se cachant le jour dans les broussailles, il gagne R'bat, où il doit y avoir un représentant de la France. Hélas ! celui qui y fait les fonctions de vice-consul est un israélite indigène ; il jette Caillié, qui a l'air d'un mendiant, à la porte de sa demeure, et il faut encore au malheureux longer le littoral pendant 200 kilomètres pour arriver à Tanger. Découragé par sa réception à R'bat, presque honteux de ses haillons et de sa mine de squelette, c'est en tremblant qu'il franchit le seuil du consulat de France. Les domestiques indigènes le traitent de chien et ne le laissent pénétrer près de leur maître qu'après de longues heures d'attente et pour se débarrasser de lui. Mais là, tout change. M. Delaporte a bientôt reconnu dans le pauvre derviche un compatriote et un vaillant ; il le serre dans ses bras, lui fait donner des soins, le ranime et le réconforte. Il le cacha quelques jours dans sa maison, car il ne fallait pas révéler aux Marocains la présence d'un infidèle qui avait traversé l'empire, et lui ménagea ensuite le moyen de revenir en France sur un bateau de l'État. Le nom de Caillié, du jour au lendemain, devint illustre, mais le grand voyageur ne jouit pas longtemps du repos et de la gloire ; il mourut huit ans environ après son retour, victime, lui aussi, de cette Afrique, qui a déjà dévoré tant de braves.

Le rôle de la France dans les explorations sahariennes avait été brillamment inauguré : bientôt les longs et périlleux voyages accomplis au Désert par nos compatriotes n'auront plus seulement pour but le progrès de la science; ils auront aussi un intérêt national. La conquête de l'Algérie, restreinte d'abord aux limites du Tell, puis s'étendant à la zone des Hauts-Plateaux, va nous mettre en rapports directs avec les populations du Sahara. Notre armée plante son drapeau à la bordure du Désert, à Biskra et à Laghouat, en 1844; le colonel Géry conduit nos troupes à Brizina en 1845; en 1847, Cavaignac les mène à l'oasis de Tyout. De ces divers points on voit s'ouvrir devant soi le désert infini; on sonde du regard ses mystérieuses profondeurs; on veut connaître ses vrais aspects, les mœurs de ses populations. En 1848, un commerçant audacieux, M. Zill, part de Biskra, traverse les oasis pressées et populeuses de l'Oued-R'ir, visite Touggourt, la capitale des sultans Ben-Djellab et revient par les localités éparses dans les sables du Souf.

Dès lors, nos possessions algériennes touchaient à la partie septentrionale du Sahara; celui-ci d'autre part, au Sud-Ouest, confinait à notre colonie déjà ancienne du Sénégal. Il devenait d'un grand intérêt pour nous de bien connaître la grande surface qui séparait nos établissements africains, de voir quelles routes pouvaient les relier. Ce fut le but du voyage de Léopold Panet, qui en 1850 refit en se maintenant un peu plus à l'Ouest la même grande traversée du Sahara qu'avait faite René Caillié. Parti de Saint-Louis du Sénégal au commencement de l'année 1850, en compagnie d'un juif indigène, Youda, il longea d'abord le littoral de l'Océan, parcourut le pays des Trarza, puis tournant au Nord-Est, gagna Chinguit, capitale de l'Adrar. Tout ce pays montagneux et pittoresque, une des plus belles oasis du Désert, n'avait encore été vu par aucun Européen; on n'avait à son sujet que les données vagues et déjà anciennes des géographes arabes. Panet y fut retenu une trentaine de jours par des difficultés de tous genres, puis il reprit sa marche en compagnie d'une famille de la tribu des Ouled-bou-Sba. Après avoir traversé toute la partie la plus occidentale du Sahara, il atteignit la rivière de Saguiet-el-Hamra, puis l'Oued-Draa et Mogador, rapportant des renseignements précieux.

En même temps, le Sahara oriental et central étaient l'objet d'une grande exploration qui marqua comme une ère nouvelle dans l'histoire de la géographie africaine; je veux parler de l'expédition de Richardson, Barth, Overweg, Vogel, qui dura de 1850 à 1856 et qui fit connaître à la fois une portion notable du grand désert et la plus grande partie du Soudan. Richardson, qui avait fait avec succès un voyage de Tripoli à Radamès et de Radamès à Rhat et au Fezzan, avait soumis au gouvernement britannique l'idée d'une vaste expédition qui aurait pour but d'ouvrir au commerce les contrées populeuses et mal connues du Bornou, du Haoussa et pays voisins. Son projet accepté, il voulut s'adjoindre un Français et vint dans ce but à Paris; mais on lui répondit par des fins de non-recevoir et il s'adressa alors à l'Allemagne qui eut l'honneur de lui offrir deux jeunes collaborateurs, Henri Barth, déjà connu par une exploration archéologique de la Cyrénaïque, et le docteur Overweg. Au mois de janvier 1850, ils étaient tous trois à Tripoli avec un matériel considérable. Il y avait là des instruments pour les observations scientifiques, des armes, des vêtements, des pièces d'étoffes, des verroteries, des montres, des bijoux et des présents de tous genres destinés aux rois et aux chefs des tribus; mais l'objet le plus considérable était un bateau en fer, démonté et destiné à naviguer sur le lac Tchad. Le tout fut installé sur des chameaux, qui formaient une longue file, et les voyageurs prirent la route qui conduit les caravanes à l'oasis du Fezzan. Ils traversèrent des plateaux calcaires profondément ravinés et coupés çà et là de plaines sablonneuses, visitèrent les petites oasis de Mizda, Ederi, Jerma et arrivèrent à Mourzouk au milieu du mois de mars. De là ils s'enfoncèrent vers l'Ouest, dans le pays des Touareg, les écumeurs du Désert. Pendant le jour, quand rien de suspect n'avait paru à l'horizon, l'ordre de marche était à peu près toujours le suivant : devant, marchaient les guides, derrière eux la longue file de chameaux porteurs, ensuite les domestiques, puis Richardson qui surveillait les bagages et maintenait l'ordre. Overweg, à droite et à gauche de la caravane, étudiait l'aspect et les formes du sol et recueillait des échantillons de minerais et de pierres. Barth, courant çà et là, explorait tout le pays ou bien causait avec des guides intelligents et recueillait de leur bouche des renseignements précieux sur les routes du Sahara. Une fois, entre Mourzouk et R'hat, s'étant éloigné de la caravane pour aller étudier des inscriptions gravées sur les rochers, il s'égara dans un inextricable dédale et serait mort de soif, sans l'arrivée d'un des Touareg de la caravane envoyé à sa recherche. Au milieu du jour et au coucher du soleil, on s'arrêtait auprès d'un rocher, auprès d'un puits, quand il y en avait sur la route, et l'on faisait un frugal repas de figues, de dattes, de riz, d'un peu de farine; parfois quelque oiseau, abattu par les chasseurs, variait ce menu monotone. Puis, les marabouts disaient à haute voix la prière, et bientôt s'éteignaient les derniers bruits du soir dans le désert. Mais alors même les Européens ne pouvaient se livrer au repos : les uns devaient, à tour de rôle, veiller pour défendre aux Touareg pillards d'approcher, les autres, cependant, rédigeaient le Journal du grand voyage. On s'arrêta quelque temps dans la petite ville de R'hat, puis on recommença à cheminer dans le Désert, tantôt formé de grandes plaines de sables et de cailloux, tantôt de ravins et de rochers aux formes bizarres. Au fur et à mesure qu'ils avançaient vers le Sud les voyageurs devaient redoubler de vigilance, car les Touareg devenaient chaque jour plus incommodes et plus disposés à voler. Il fallut gagner la protection des chefs par des présents considérables. A Tintelloust la mission fut retenue trois mois par le chef des Kelouis, le sultan An-Nour, et Barth mit ce retour à profit pour aller visiter la ville jadis florissante mais alors ruinée d'Agades, à sept jours de marche; il y fut bien reçu et la description qu'il a faite de ce pays, l'Aïr ou Asben, est demeurée la meilleure que nous ayons. La mission put enfin partir de Tintelloust et en un mois elle atteignit le Soudan; la première partie du voyage s'effectua à travers de vastes solitudes, tachetées de loin en loin par de maigres herbages et des bouquets de gommiers; mais dans la seconde partie des troupeaux de moutons et de bœufs de plus en plus nombreux, des habitations éparses, un système de culture régulier annonçaient l'approche du Soudan. A Tagelal, dans le Damergou, la mission se sépara afin d'étudier une plus grande surface de pays; Richardson alla vers l'Ouest, vers Zinder, où il devait mourir de la fièvre, le 2 février 1851; Overweg alla vers l'Est, où il mourut en septembre 1852, tandis que Barth explora le Bornou, l'Adamoua, le Soudan occidental jusqu'à Timbouctou où il séjourna de septembre 1853 à mai 1854. Il ne revint en Europe qu'en 1855, rapportant de ce long voyage une relation qui est un chef-d'œuvre d'exactitude et de conscience scientifique.

Ainsi attaqué de tous les côtés à la fois, le Désert commençait à livrer ses secrets et on peut dire qu'à la date de 1856 les lignes essentielles de sa géographie étaient connues. La bordure septentrionale, du Maroc à la Tripolitaine, avait été visitée par le major Laing et en partie levée par nos officiers; l'est, le centre et le sud du Sahara avaient été explorés autrefois par Oudney, Denham et Clapperton, plus récemment par

Richardson, Barth, Overweg, Vogel; enfin l'ouest avait été traversé en des points assez éloignés les uns des autres par René Caillié et Panet. On avait reconnu un Sahara tout différent de celui qu'on imaginait jadis : on y avait vu des montagnes, des rivières plus ou moins asséchées, des lacs ou des marais, un commerce relativement actif, de vraies routes de

BARTH

caravanes, un certain nombre de lieux habités et presque partout des familles ou des tribus nomades. Le Désert, mieux étudié, avait perdu de son horreur; on en vint presque à dire que le vrai Désert n'existe pas, que cette barrière qui avait limité l'expansion du monde antique ne pouvait contenir l'expansion du monde nouveau; on songea dès lors à conquérir le Sahara à notre influence et à notre commerce. De 1856 jusqu'à nos jours telle a été la pensée de bien des hommes généreux, ardents, pleins d'enthousiasme et de science; malgré des insuccès nombreux, en dépit de sanglantes défaites, le projet n'a point été abandonné et l'avenir nous réserve peut-être de le voir un jour réalisé en partie.

A cette époque, on parlait beaucoup du commerce florissant que les pays barbaresques faisaient jadis avec le Soudan et l'on constatait que ce trafic avait cessé; on pensait que par suite de notre occupation de l'Algérie, le courant commercial s'était détourné des directions de Ouargla et Touggourt pour se porter sur Radamès et on désirait entrer en relations, s'il était possible, avec les habitants de cette oasis qui passait pour un des grands marchés du Désert. Le général Desvaux qui, après avoir vaincu les indigènes de l'Oued-Rir et du Souf, s'occupait activement de leur créer des sources de prospérité, songea dès 1856 à nouer ces relations. Il en chargea un capitaine de spahis, M. de Bonnemain, qui devait à une éducation exceptionnelle et à de curieuses aventures le privilège de monter un cheval et de parler l'arabe comme un fils du Désert. Il lui donna mission de prendre des renseignements sur la route à suivre pour arriver à Radamès, sur l'organisation des caravanes, sur le négoce de ces régions, sur les profits à espérer, et aussi d'inciter les habitants de l'oasis à se mettre en rapport avec les commerçants algériens. Bonnemain mit vingt et un jours à franchir la région sablonneuse qui s'étend d'El-Oued à Radamès, et, en sa qualité de chrétien, de roumi, fut d'abord assez froidement accueilli par les autorités; la franchise de ses manières et de son langage, ses qualités personnelles et quelques présents distribués à propos lui gagnèrent bientôt l'amitié du gouverneur, ou hakem, et des membres du midjelès, ou conseil des notables. On l'assura qu'on était très désireux d'entrer en relations avec l'Algérie, mais qu'il y avait à craindre que les Souafa, les Châmba, les Ouled-Yakoub et autres tribus sahariennes s'y opposassent, pour garder le monopole de ce trafic. Il parut d'ailleurs à Bonnemain, que Radamès n'était qu'un lieu d'entrepôt; c'était plutôt par des rapports avec Rhat, grand marché entre le Sahara et le Soudan, qu'on pouvait espérer d'attirer vers notre colonie, le commerce de ces régions. La mission spéciale qui lui avait été confiée était remplie; il partit de Radamès suivi jusqu'à quelque distance par une foule sympathique et rentra à El-Oued le 7 janvier 1857, ayant recueilli de curieux renseignements.

L'année suivante, toujours sur l'initiative du général Desvaux, on essaya d'entrer en relations d'affaires avec les gens de Rhat, comme l'avait conseillé Bonnemain. Les circonstances paraissaient assez favorables; on était assuré de l'amitié de Si-Othman, chef influent des Touareg-Azgueur, qui était venu s'établir quelque temps près de Ouargla; il promettait de nous aider de son influence près de ses compatriotes, qui étaient presque les maîtres de Rhat. On chargea d'aller avec lui en cette ville Bou-Derba, Arabe algérien fort intelligent et qui s'était distingué comme interprète militaire à notre service. Parti de Laghouat le 1er avril 1858, il rejoignit Si-Othman non loin de Ouargla. La caravane, composée de vingt-cinq chameaux et de quinze personnes dont cinq Touareg, s'enfonça dans la direction du Sud-Est; elle passa à travers la grande zone de dunes qui s'étend de Nefta à El-Goléa sur une profondeur de 55 à 80 lieues et qu'on appelle El-Oudje, séjourna aux puits d'Aïn-Taïba, d'El-Byodh, à la zaouia de Temassinine, aux puits de Aïn-Tebalbalet et d'Aïn-el-Hadjaje et enfin en vue de la chaîne de hauteurs où Barth, quelques années auparavant, avait failli périr égaré. La ville de Rhat apparut alors aux yeux du voyageur, le 26 septembre, près de deux mois après son départ de Ouargla. Il avait parcouru une distance de plus de 1,300 kilomètres; le long de la route on avait recueilli des bruits peu rassurants; le Sahara était plein de querelles et de troubles; notre ennemi, le chérif Mohammed-ben-Aballah d'une part, de l'autre Ben-Snoussi, l'instigateur du récent massacre à Djeddah des résidents européens, agitaient les populations sahariennes par leurs appels à la guerre sainte; il y avait alors une de ces recrudescences de fanatisme qui sont comme périodiques dans les pays musulmans. Bou-Derba avec sa petite troupe ne put entrer dans Rhat; il campa au milieu des Touareg, amis de Si-Othman, qui à certaines époques de l'année établissent leurs tentes près de la ville et y forment comme un village temporaire. Il apprit là que les habitants de Rhat, excités par un marabout, avaient juré de ne pas laisser entrer l'étranger et de ne permettre à personne de communiquer avec lui. Bou-Derba passait pour un chrétien déguisé et des lettres venues de Mourzouk dénonçaient Si-Othman comme vendu aux Français. L'agitation qui régnait dans la ville se calma cependant un peu; des présents, la distribution gratuite de remèdes contre les ophtalmies, l'appui de quelques Touareg, parmi lesquels Ikhenouken, le chef des Azgueur, permirent à l'explorateur, non de pénétrer dans la ville, mais d'entrer en relations avec les principaux personnages et de recueillir des données précieuses sur le commerce de Rhat, l'origine et les mœurs de ses habitants. Après avoir rempli du mieux qu'il était possible sa difficile mission, Bou-Derba, qui voyait ses chameaux dépérir faute de pâturages et qui avait d'ailleurs à redouter de nouvelles excitations des Senoussi, reprit le 4 octobre la route de l'Algérie. Il fut accompagné par Ikhenouken jusqu'à Tebalbalet et par Si-Othman jusqu'à Ouargla, où il parvint le 20 novembre. La relation intéressante de cette grande course à travers le Désert est une de celles qui ont le mieux fait connaître le Sahàra central.

C'est à cette époque que se consacra tout entier à l'exploration du Désert, un jeune homme qui y appliqua toutes les ressources d'un esprit curieux, formé à l'observation méthodique, voyageur consommé à peine au sortir de l'enfance; j'ai nommé Henri Duveyrier. En 1856, à l'âge de seize ans, il rêvait de marcher sur les traces de Barth, dont le nom venait d'acquérir une gloire immortelle; pour cela il commença à apprendre l'arabe, étudia les diverses branches des sciences naturelles et s'exerça à la pratique des instruments d'observation. Ainsi préparé, il vint s'établir dans le Sahara algérien au printemps de l'année 1859 et commença une série de courses qui devaient avoir pour résultat une

HENRI DUVEYRIER

connaissance plus exacte de cette région. Il alla d'abord de Biskra au M'zab par une route peu fréquentée, puis du M'zab à El-Goléa qu'aucun Européen n'avait encore vue. Il espérait trouver là une occasion favorable d'aller au Soudan par la voie du Touat, mais le fanatisme des populations l'obligea de renoncer à cette entreprise et de revenir sur Metlili et Laghouat. Pendant l'automne de la même année, on le vit étudier en détail l'Oued-R'ir et le Souf; au commencement de 1860, il retourna à Ouargla par une route mal connue, puis revint dans l'Est et se livra à de longues recherches scientifiques dans la région des Chotts tunisiens.

Tout en accomplissant ces divers voyages, il avait noué des relations avec le chef touareg, Si-Othman, et était même devenu son ami; il put songer alors à exécuter la grande exploration qui était le rêve caressé par lui depuis si longtemps, à savoir l'étude du pays des Touareg ! Parti de Biskra en plein été, il alla à Radamès par Touggourt, El-Oued et Berresof; une excursion le conduisit de cette oasis à Tripoli par le Djebel-Yefren et le Djebel-Nefouça, puis il revint à Radamès par une autre voie. En décembre 1860, il partit pour Rhat où il arriva le 8 mars par le chemin qu'avait suivi Bou-Derba. De Rhat, il revint enfin à Tripoli en septembre 1861, après avoir visité le Fezzan et Mourzouk. Les itinéraires de l'infatigable voyageur couvrent, on le voit, la majeure partie du Sahara septentrional; il rapportait aussi de précieux renseignements recueillis de la bouche des indigènes, des observations astronomiques et scientifiques très nombreuses. A lui seul et avec de modiques ressources, il avait fait faire à la géographie d'importants progrès. Après tant de grands travaux et de fatigues, lorsque l'entraînement et la fièvre de son aventureuse entreprise ne le soutinrent plus, Duveyrier, de retour à Alger, tomba gravement malade; longtemps il resta entre la vie et la mort; il guérit pour nous donner son beau livre sur les Touareg du Nord et pour devenir un des représentants les plus éminents de la science géographique française.

Les voyages de Bou-Derba et de Duveyrier nous avaient donné des Touareg une opinion favorable; Si-Othman parmi eux, avait ouvertement protégé nos deux explorateurs et ils lui avaient dû de pouvoir faire avec une sécurité relative des excursions qui eussent été autrement très périlleuses. Ce même chef intelligent vint à Paris à la fin de l'année 1861 avec un de ses compatriotes, et on put voir deux grands guerriers touareg, le litham ou voile noir sur le visage, promener leur allure solennelle sur nos boulevards, au milieu de la foule curieuse. Si-Othman se fit fort d'amener ses compatriotes à une sorte de traité de commerce avec la France ; moyennant le payement de certains droits, ils assureraient la sécurité des routes du Désert pour nos marchands, et on pouvait espérer de cette manière détourner le commerce saharien de la route de Radamès-Tripoli pour lui faire prendre celle de Radamès-Alger. Quelque temps après que Si-Othman fut reparti pour négocier avec les Touareg, une mission française composée des officiers Mircher et Polignac, de l'ingénieur Vatonne et de l'interprète Bou-Derba fut envoyée à Radamès par Tripoli ; elle fit, chemin faisant, des observations curieuses, fut bien accueillie des indigènes et au nom de la France signa avec Ikhenouken, chef des Touareg-Azgueur, un traité de commerce, dont par malheur les circonstances allaient empêcher l'exécution.

En même temps qu'on cherchait par l'Est une route de l'Algérie vers le Soudan, on en étudiait une autre, peut être plus facile par l'Ouest, par le Touat. Deux officiers, Colonieu et Burin, s'étaient joints en l'automne de 1859 à une caravane partant de Géryville ; ils suivirent d'abord la vallée sèche de l'Oued-Gharbi, puis contournèrent un plateau rocailleux et traversèrent dans toute leur largeur les dunes de l'Erg. Ils entrèrent alors dans la grande oasis du Gourara, puis dans celle d'Aouguerout. Ils allaient poursuivre leur entreprise et visiter le Touat, mais les démonstrations hostiles des indigènes de ce pays les forcèrent à battre en retraite au commencement de l'année 1861.

Des explorations analogues se faisaient en sens inverse par notre autre possession africaine, le Sénégal. L'homme si remarquable qui gouvernait cette colonie, l'illustre Faidherbe, envoyait en 1860 le lieutenant Vincent explorer la région de l'Adrar. Le voyageur suivit d'abord le littoral de l'Atlantique, puis se tenant un peu à l'ouest de la route parcourue par Panet en 1850, il arriva à El-Mofga dans l'Adrar et revint à la côte, au banc d'Arguim par le Tasiant. L'année suivante, un de ceux qui l'avaient accompagné, indigène sénégalais au service de la France, Bou-el-Moghdad, voulant faire le pèlerinage de La Mecque, s'engagea dans les mêmes régions et, par une route un peu différente, explora le pays jusqu'à l'embouchure de l'Oued-Noun, au Maroc. Les relations de Vincent et de Bou-el-Moghdad sont parmi celles qui ont le plus contribué à faire connaître le Sahara oriental ; on peut dire même que jusqu'à ces dernières années, elles étaient, avec le récit de Panet, le seul document à consulter à ce sujet.

Ainsi, dans la plus grande partie du Sahara, c'est à des Français que revient surtout l'honneur des explorations scientifiques ; pourtant l'impartialité nous force à parler ici des grands voyages d'un homme qui n'est pas de nos amis, et qui, à plusieurs reprises, a été soupçonné de fomenter contre nous les revoltes des indigènes, l'allemand Gerhard Rohlfs. Après avoir servi en Algérie dans la légion étrangère, s'y être familiarisé avec la langue et les mœurs des Arabes, il séjourne quelque temps au Maroc ; là, il obtient du chérif d'Ouazzan une lettre de recommandation, et avec de faibles ressources tente de traverser le Sahara, de l'Ouest à l'Est. Parti de Tanger, il pénètre dans le Grand Atlas en 1864, visite les oasis du Tafilelt et du Touat, est retenu plusieurs mois à In-Salah au milieu d'une population fanatique qui faillit plusieurs fois le massacrer, se rend ensuite par une route pénible à Radamès, puis à Tripoli ; à peine remis de ses fatigues et de ses blessures, le 20 mai 1865, il repart, visite le Fezzan, traverse tout le Sahara du Nord au Sud, puis le Soudan et, deux ans après, débouche sur l'océan Atlantique, ayant accompli un grand voyage de deux années. Il mérite par ces expéditions aventureuses d'occuper une belle place parmi les explorateurs africains.

Peu après l'Allemagne fournissait encore un grand voyageur, Nachtigal qui, parti de Tripoli en 1869, traversa aussi le Désert, portant au sultan du Bornou les présents du roi de Prusse, qui désirait manifester sa reconnaissance au souverain, qui avait bien accueilli Barth et Gerhard Rohlfs : Nachtigal visita surtout le pays des Tibbous ou Tedas, peuple

GERHARD ROHLFS

qui n'est bien connu que depuis la relation de son remarquable voyage.

Pendant la période qui s'étend de 1862 à 1873, la France ne put s'occuper beaucoup d'explorations sahariennes. La grande tribu des Oulad-Sidi-Cheikh s'était soulevée contre nous en 1864 et, entraînant un grand nombre de tribus soumises à son influence religieuse, nous avait fermé la route de l'Ouest; en même temps la puissance grandissante du chef de l'ordre des Senoussi avait pour effet de réveiller le fanatisme et l'intolérance des Touareg et de nous interdire aussi les routes sahariennes du Centre et de l'Est. La guerre contre l'Allemagne appelait ensuite toutes nos forces d'un autre côté. Un peu de calme étant enfin revenu, les Oulad-Sidi-Cheik ayant pu être châtiés, des explorateurs audacieux s'aventurèrent de nouveau dans le Sahara. Donnons un souvenir aux malheureux Dournaux-Duperré et Joubert, qui atteignirent Radamès, puis s'engagèrent sur la route de Rhat et furent massacrés après quelques jours de marche par leurs guides Châmba (1874). Soleillet fut plus heureux; il put, par El-Goléa, gagner le Tidikelt et arriver en vue d'In-Salah, le marché principal du pays, la ville où s'approvisionnent les Touareg-Hoggar. Mais la djemaa ou conseil de cette ville lui interdit d'en franchir les portes et il dut revenir assez précipitamment vers nos établissements algériens (1874).

C'est à cette époque que commence à prendre consistance un projet jusqu'alors vaguement conçu et dont on parlait comme d'une chose en l'air, celui d'un chemin de fer transsaharien. Il ne s'agissait de rien moins que de relier par une voie ferrée l'Algérie et le Soudan, régions séparées par plus de 2,000 kilomètres. Avec ce moyen de communication rapide et relativement économique, on ouvrirait une nouvelle ère au commerce de l'Afrique centrale; on pourrait exporter de là-bas toute sorte de matières, que leur poids et leur volume, hors de proportion avec leur valeur, ne permettaient pas de transporter par le moyen coûteux des caravanes; en revanche, on importerait vers le Soudan le sel de la selka d'Amadghor et de l'oasis de Bilma et surtout nos produits manufacturés, ce qui donnerait un puissant essor à notre industrie. Ce projet grandiose paraît avoir été soutenu et développé avec ardeur, d'abord par Soleillet et Duponchel; il fut aussi combattu très vivement.

L'idée du Transsaharien, livrée à l'opinion publique, suscita de suite de nouvelles et plus précises explorations du Sahara. On examina les voies et moyens d'exécution; on chercha quel tracé serait le meilleur, on procéda à toutes les études préliminaires qui étaient possibles dans le voisinage de notre colonie algérienne. Largeau et Say s'avancèrent même à une certaine distance dans le pays des Touareg. Ce ne furent, à vrai dire, que des promenades un peu pénibles; on y eut l'occasion de constater qu'il y avait peu à espérer des relations commerciales avec Radamès, et que loin de pouvoir compter sur les Touareg, il fallait au contraire s'en défier beaucoup. Quelques-uns d'entre eux, venus à Alger en 1878 et bien accueillis par nous, avaient promis de conduire quatre missionnaires catholiques à Radamès; à peine avaient-ils dépassé la zone du Désert directement soumise à notre influence qu'ils se jetèrent sur les malheureux prêtres sans défense et les égorgèrent. L'hostilité de ces pirates du Désert empêcha plusieurs voyageurs, notamment Largeau et Say, d'aller jusqu'au Hoggar.

En 1879, la question du Transsaharien entra dans une phase nouvelle. L'ingénieur Duponchel publia un chaleureux plaidoyer en faveur de cette entreprise et M. de Freycinet, alors ministre des travaux publics, nomma une commission chargée d'en étudier l'exécution. On décida qu'il y avait lieu d'étudier les trois tracés proposés, par l'Ouest, le Centre et l'Est, et trois missions furent envoyées pour examiner sur le terrain les difficultés ou les facilités que présenteraient les diverses voies.

La mission Pouyanne, partie de Mecheria (province d'Oran) étudia le pays jusqu'à Tiout, à 450 kilomètres de la côte, mais fut empêchée par les tribus marocaines de s'avancer au delà vers le Touat. La mission Choisy étudia la ligne de Laghouat à El-Goléa et de Biskra à El-Goléa par Ouargla; elle trouva ce dernier tracé préférable à celui par Laghouat, se ralliant ainsi à une opinion déjà émise par de nombreux géographes. La troisième mission, beaucoup plus nombreuse que les précédentes, avait à remplir une tâche autrement longue et difficile; gardant un caractère absolument pacifique, malgré la force de son escorte, elle devait étudier la vallée des Ighargaren, le versant oriental du Hoggar et atteindre le Soudan; il lui était prescrit de s'aboucher avec les chefs Touareg, de gagner leur amitié et leur appui. Elle avait pour chef le lieutenant-colonel Flatters, qui avait fait un long séjour dans le sud de nos établissements algériens et connaissait fort bien la langue et le caractère des indigènes.

Partie de Biskra le 30 janvier 1880, la caravane se compléta à Ouargla et comprit un peu plus d'une centaine d'hommes, la plupart chameliers de la tribu des Châmba. Elle traversa la région monotone des gours, passa par la mare d'Aïn-Taïba, franchit les grandes dunes de l'Erg, puis longea le lit pierreux de l'Igharghar. Elle suivait la même route qu'avaient prise jadis Bou-Derba, puis Duveyrier, par El-Byodh, Temassinine, Tebalbalet, Aïn-el-Hadjaje; le 16 avril, après avoir beaucoup souffert du froid des nuits et de la chaleur des jours, du manque d'eau en quantité suffisante, d'une nourriture toujours la même et mauvaise, d'une marche souvent pénible, elle arriva en vue d'une nappe d'eau claire et poissonneuse, le lac Mengouch, à 120 kilomètres de Rhat. Pour la première fois on rencontra les Touareg en groupe et on fut obligé de négocier avec eux, pour obtenir le passage, car ils paraissaient être en force dans la région; on leur paya 3,000 francs, plus un certain nombre de fusils. Mais il fallut encore attendre une autorisation du vieux chef des Azgueur, le centenaire Ikhenouken, et elle ne vint pas; les Touareg paraissaient considérer la caravane comme une proie assurée; quémandeurs et cupides, ils devenaient chaque jour plus difficiles à satisfaire; la saison s'avançait; les provisions s'épuisaient; on ne pouvait s'ouvrir un passage par la force; il

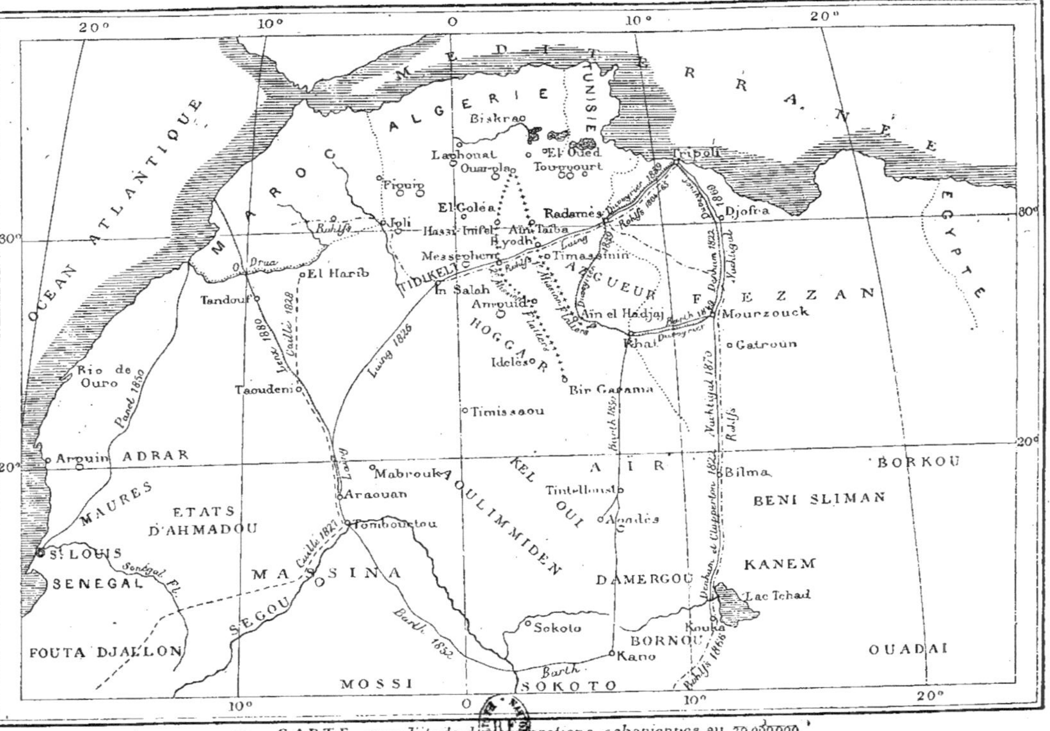

CARTE pour l'étude des explorations sahariennes au 20.000.000

Echelle Kilométrique

était dangereux de rester à l'endroit où l'on se trouvait, endroit accidenté et où l'on n'aurait pu que difficilement tenir tête aux Touareg; il fallait donc revenir sur ses pas et chercher à règagner la plaine, où la supériorité des armes de précision permettrait de combattre au besoin sans trop de désavantage. Dans la nuit du 21 avril, on décampa furtivement. Les Touareg, aux premières blancheurs de l'aube, virent que le camp était vide, s'agitèrent en tumulte et cherchèrent leurs chefs pour donner l'ordre de poursuivre et d'attaquer la caravane; mais les chefs avaient disparu; Flatters, voyant l'impossibilité d'aller plus loin et prévoyant que la retraite ferait éclater l'hostilité des Touareg, avait acheté la neutralité et l'inaction des chefs. La mission alla à marches forcées et, le 17 mai, rentra à Ouargla.

L'opinion publique se montra sévère pour le colonel Flatters; on prétendit qu'il n'avait pas pris au départ les précautions nécessaires et que notamment il aurait dû se munir d'une recommandation du sultan de Constantinople, puisque les voyages de E. von Bary avaient fait connaître que depuis quelques années c'était la seule autorité reconnue à Rhat; on lui reprocha, ce qui n'était pas juste, l'organisation défectueuse et le caractère trop pacifique de son expédition; surtout sa fuite subreptice et la trahison des chefs Touareg payée par lui parurent peu faites pour grandir le prestige de la France parmi les populations sahariennes. Ces rumeurs fâcheuses émurent vivement Flatters; il résolut de repartir au plus vite et organisa, peut-être avec trop de hâte, une seconde expédition. Comme la première, elle comprenait un peu plus d'une centaine d'hommes; l'élément français et l'élément militaire (tirailleurs indigènes) avaient été renforcés, pour qu'on pût au besoin employer la force: toutefois on ne voulait point donner à la caravane le caractère d'une expédition armée, on se privait même des services précieux qu'une petite troupe de cavaliers aurait pu rendre pour éclairer la marche ou couvrir une retraite. Le projet de Flatters, puisque dans le précédent voyage il avait trouvé les Touareg-Azgueur hostiles, était de passer cette fois par le territoire des Touareg-Hoggar, par la voie d'ailleurs la plus directe vers le Sud; il avait engagé des négociations avec le chef des Hoggar, Ahitaghel. Les réponses de celui-ci étaient contradictoires; les unes encourageantes et les autres évasives. Quelques Châmba et des Touareg-Azgueur conseillaient la défiance; M. Féraud, notre consul général à Tripoli, faisait parvenir à Flatters des renseignements qui étaient de mauvais augure. N'importe! Le colonel impatient voulait partir et entraînait avec lui neuf Français, quarante-sept tirailleurs indigènes, trente et un Arabes des tribus, sept guides châmba et un mokhadem ou dignitaire de l'ordre religieux des Tedjini, qu'on disait influent sur les populations sahariennes.

La mission, partie de Ouargla le 4 décembre 1880, s'avança par la vallée de l'Oued-Mya jusqu'à Hassi-Inifel, puis sur la sebka de Messeguem, où l'on passa les premiers jours de l'année 1881. On séjourna aussi quelque temps à Amguid, au milieu du mois de janvier; on était déjà au pays des Touareg; Ahitaghel ne paraissait pas, quoiqu'il eût promis de le faire, mais on communiquait avec lui par le moyen de Cheikh-ben-Bou-Djemaa, le châmbi attaché à la personne du colonel, et il envoyait à la mission des guides parmi lesquels Sghir-ben-Cheikh. A partir d'Amguid, dans un pays monotone et difficile où on eut beaucoup à souffrir, on rencontra assez souvent des Touareg isolés. Les rapports que l'on avait avec eux devenaient de jour en jour plus tendus; ces chevaliers du Désert se montraient d'une cupidité insatiable et d'une mauvaise foi pleine d'arrogance. Pourtant on ne les craignait pas et on négligeait même, peut-être par suite de cette lassitude et de ce détraquement moral que produisent souvent les voyages au Désert, les précautions les plus élémentaires de prudence; la marche n'était pas éclairée; la nuit, on se gardait à peine. Dans la plaine d'Amadghor on constate souvent des traces du passage récent de chameaux, bien qu'on soit dans une des parties les plus désolées du Désert. Des groupes semblent rôder autour de la mission et se cacher pour épier sa marche, les Châmba se montrent inquiets et Cheikh-ben-Bou-Djemaa fait part de ses inquiétudes au colonel. Celui-ci lui réplique sévèrement, sans doute pour donner à ses hommes une confiance qu'il est lui-même très loin d'avoir; il est anxieux et agité. Le 16 février, on était dans une grande plaine sablonneuse, qui s'étendait à perte de vue vers le Sud, mais qui, au Nord-Ouest, était bordée de hauteurs; on devait y trouver un puits vers dix heures du matin. A ce moment, les guides touareg disent qu'ils ne savent pas où est le puits; bientôt, un d'eux paraît se rappeler qu'il est dans la montagne, vers le Nord-Ouest; il ajoute qu'il n'est pas nécessaire de retourner dans cette direction avec les bagages, qu'on peut les déposer au lieu où l'on est et où l'on a installé le camp, que les chameaux, déchargés, iront boire au puits qui est proche et reviendront bientôt; il insinue aussi que la montagne est intéressante à visiter pour les membres de la mission. Le colonel hésite à séparer ainsi sa colonne en deux sections; pourtant il s'y décide et part en avant avec le capitaine Masson, avec Roche, Guiard, Béringer et un petit nombre de tirailleurs; les chameaux suivent par petits groupes, au fur et à mesure qu'ils sont déchargés, et il y a un certain intervalle entre ces diverses sections. On arrive au puits, qu'il faut nettoyer; le colonel et ses officiers descendent de leurs chevaux, que les guides touareg tiennent en main. Tout à coup, avant que le reste de la colonne soit arrivé, de grands cris se font entendre vers le Nord et aussitôt, par le ravin voisin du puits, débouche une masse confuse de Touareg, au galop de leurs méhara. Le colonel et le capitaine Masson veulent sauter sur leurs chevaux, mais les guides les ont enfourchés et ont fui. Les malheureux officiers comprennent alors qu'ils sont trahis; il ne leur reste qu'à vendre chèrement leur vie. Après avoir tué ou blessé quelques-uns de leurs ennemis à coups de revolver, ils tombent l'un après l'autre sous la lance ou le sabre des Touareg. La première bande de chameliers qui arriva au puits fut surprise et égorgée de même, mais ceux qui suivaient entendant la fusillade gagnèrent un mamelon assez élevé et au nombre de vingt-deux tinrent quelque temps en échec toute la masse des Touareg; puis voyant que le nombre de ceux-ci grossissait d'instant en instant et redoutant d'être cernés, ils s'élancèrent, franchirent le cercle de lances qui leur était opposé et, au nombre de dix survivants, parvinrent à la montagne, où la nuit protégea leur retraite. Cependant, au camp, l'alarme avait été donnée par un tirailleur qui avait pu s'enfuir du ravin; le lieutenant de Dianous, l'ingénieur Santin, le maréchal des logis Pobéguin qui se trouvaient là avec une cinquantaine d'hommes, ne voulurent pas croire tout d'abord au massacre du colonel et des siens; quelques chameliers qui survinrent leur confirmèrent la triste nouvelle. Une agitation extrême s'empara de tout le monde. Le lieutenant fit former un camp retranché avec les bagages, puis, prenant une vingtaine d'hommes se porta en reconnaissance vers le puits. Quand il vit la masse des Touareg, il comprit que toute attaque contre eux était impossible et revint au camp; il était d'avis d'y passer la nuit et de retourner le lendemain au puits pour voir si elle ne pourrait pas reprendre quelques chameaux; mais le mokhadem de l'ordre de Tedjini prétendit qu'il était préférable de partir furtivement et que les Touareg non attaqués ne poursuivraient pas la colonne. Cette idée, par malheur, prévalut; on se prépara à partir de suite; on brisa les caisses; on prit le plus que l'on put d'argent, de munitions et de vivres; heureusement on avait encore trente outres pleines d'eau. On se compta; il y avait cinquante-six hommes, perdus dans le Désert, à soixante-quinze jours de Ouargla, et qui allaient commencer la marche la plus extraordinaire que l'histoire ait enregistrée.

Dès les premiers jours, on souffre de la soif et de la faim, et on a devant soi cette immense plaine d'Amadghor, où on avait tant pâti à l'aller, alors qu'on avait encore des chameaux et des vivres; quatre chameaux qu'on trouve errants sont pris et on renaît à quelque espérance. On marche pendant vingt jours sous un soleil ardent; on mange un peu d'herbe, du bois, des morceaux de cuir, les os qu'on rencontre çà et là et qu'on pile; une dizaine d'hommes tombent brisés par la fatigue; d'autres qui s'écartent ne reparaissent plus, probablement massacrés par les Touareg. Ceux-ci n'ont pas cessé de suivre la colonne, mais en se tenant à une grande distance. Le 8 mars, on peut entrer en relations avec eux et ils vendent quelques sacs de poussière de dattes. Les Châmba se gardent bien d'y toucher; mais les Français et les tirailleurs sont moins circonspects; ils en mangent, et, quelques heures après, présentent tous les symptômes d'un empoisonnement grave par le bettina (*hyosciamus falezlez*). Le délire les prend; quelques tirailleurs s'échappent du camp et ne reparaissent plus; les Français sont comme des fous furieux et il faut leur retirer leurs armes. Le lendemain, on négocie avec les Touareg, mais quand on a envoyé vers eux cinq ou six indigènes, ils les massacrent sans pitié, même le mokhadem de l'ordre de Tedjini. Le 10 mars, on leur livre, à Amguid, une bataille qui dure de midi au coucher du soleil, et où nos soldats, quoique bien affaiblis, infligent à l'ennemi une sérieuse défaite. La colonne, qui ne compte plus que trente-quatre survivants commandés par Pobéguin (Dianous était mort au combat d'Amguid), reprend sa pénible marche. Les souffrances deviennent chaque jour plus atroces; les mauvaises passions s'éveillent; il y a des rixes fréquentes entre ces hommes exaspérés par la misère; l'autorité de Pobéguin est méconnue; un égoïsme sombre et farouche domine tout: navrante histoire qui ne peut pas s'écrire! Dès le 25 mars on tue un homme pour le manger et la chair humaine sera la seule nourriture pendant huit jours. Malheur à qui tombe sur la route ou qui est faible! Finissons cette lamentable narration. Le 1er avril, les douze indigènes qui survivaient arrivèrent aux tentes de Radja, un chef de Touareg-Azgueur, qui les accueillit bien et les sauva. C'était, outre quelques autres indigènes qui revinrent après mainte aventure, tout ce qu'il restait d'une grande expédition!

Pendant que la mission Flatters avait une si triste destinée, un voyageur isolé, le docteur allemand Lenz, réussissait à accomplir en sens inverse à peu près le voyage de René Caillié. Après avoir séjourné assez longtemps au Maroc, il obtint une lettre de recommandation du sultan de ce pays, et accompagné d'un neveu d'Abd-el-Kader, puis d'un chérif, parent du sultan, il parcourut tout le Maroc, de Tanger à Taroudant, se faisant passer pour un médecin turc du nom de Hakem-Omar-Ben-Ali. Il arriva à Tendouf, à l'entrée du Sahara proprement dit, le 5 mai 1880, passa par Iguidi, Taodeni, Araouan, resta deux semaines à Timbouctou et, par le pays des Bambaras, parvint aux postes français du Sénégal où il fut bien accueilli. Il rapportait de ce long et périlleux voyage des observations fort intéressantes, surtout au point de vue géologique.

L'échec si douloureux de la mission Flatters n'a pas longtemps découragé les explorateurs français. Le vaillant Marcel Palat est allé se faire tuer par ses guides à deux journées de marche d'In-Salah, en mars 1885; M. Douls, en 1887, eut l'idée de se faire débarquer, déguisé en

DOULS

musulman, sur la côte du Sahara, entre le cap Bojador et le Rio de Oro. Les premiers Maures qu'il rencontra, soupçonnant qu'il était Européen, le chargèrent de chaînes, après l'avoir maltraité, et le tinrent dans une longue et douloureuse captivité. Son attitude, son langage et la dévotion qu'il affectait, le firent enfin libérer et agréer comme frère dans la terrible tribu des Oulad-Delim, les pillards du Sahara occidental. Avec eux pendant cinq mois, il parcourut en vrai nomade les steppes inexplorés, le désert d'Ouaran, le Djouf et la région du Saguiet-el-Hamra, puis se séparant de ses hôtes, alla recevoir l'hospitalité du gouverneur de l'Oued-Noun. Il atteignit la ville de Maroc, où il se mit en relations avec la légation anglaise, alors en mission dans cette ville. Cette démarche fit soupçonner aux indigènes avec qui il vivait qu'il n'était qu'un chrétien déguisé, et le sultan ordonna de le mettre aux fers. L'intervention du ministre anglais le sauva et après ces émouvantes aventures, M. Douls est revenu en France. En 1888, il voulut, déguisé en musulman, pénétrer à Timbouctou par le Maroc, et fut d'abord bien accueilli dans le Touat; mais dans le Tidikelt, entre l'Aoulef et le district d'Acabli, où se réunissent les caravanes qui vont au Niger, il fut assassiné, probablement le 6 février 1889, par ses guides touareg.

On voit, par ce qui vient d'être dit, que le Sahara est aujourd'hui assez bien connu, sauf le massif central du Ahaggar et quelques parties voisines du Niger, qu'occupent les terribles Touareg et qu'ils rendent inabordables. Même ces portions que n'ont pu explorer les voyageurs européens ne restent point couvertes d'un mystère impénétrable, car les renseignements fournis par des indigènes, Touareg prisonniers, ou esclaves qui ont cherché chez nous la liberté, nous permettent de nous en faire une idée assez exacte. L'heure est passée des explorations individuelles, car le Sahara est plus fermé que jamais à de telles tentatives par suite d'une recrudescence du fanatisme et de la méfiance de ses habitants : l'exemple de Douls et de Palat menace d'une mort certaine ceux qui oseraient encore essayer une telle aventure. Mais l'heure est venue pour la civilisation d'aborder ces contrées et d'y rétablir la sécurité et c'est à la France que ce rôle est échu. Elle a d'abord à venger la mort de ses enfants, à recueillir les ossements de tant d'hommes de science et de cœur qui blanchissent près du puits Garama et d'Amguid et à châtier l'odieux guet-apens où cette mission Flatters a péri. Elle doit aussi poursuivre au Gourara et au Touat les rebelles qui ont suivi le drapeau de Bou-Amema et, en enlevant aux révoltés de l'avenir ce refuge toujours ouvert, assurer la sécurité de ses possessions algériennes. Maîtresse du Sénégal au Niger et de l'Algérie et de la Tunisie, elle a pour sa part d'influence en Afrique le Sahara qui sépare ces deux fractions de son empire colonial et elle a droit d'espérer de soumettre à son autorité et à son commerce une part notable du Soudan. Mais pour remplir le rôle qu'un destin heureux lui assigne en Afrique, pour garder sa place dans le partage du monde nouveau, il lui faut réunir d'une manière effective à travers le Désert ses possessions d'Algérie et du Sénégal et régner sur le Sahara. Ce ne sont pas quelques cent mille Touareg, épars sur une surface grande comme six fois la France, qui arrêteront ses progrès nécessaires. Elle a une noble tâche à remplir, une tâche civilisatrice, et quelles que puissent être les hésitations et les incertitudes du présent, on peut compter qu'elle n'y faillira pas.

CHAPITRE II

CONSTITUTION, FLORE ET FAUNE DU SAHARA

Maintenant que nous avons suivi les principaux explorateurs dans leurs longs itinéraires à travers le Sahara et que nous avons noté les routes bien connues, il convient d'examiner le Désert, de voir si le sol ne nous révélera pas quelques traits de son histoire passée et d'examiner sa constitution et sa vie actuelle.

Pendant longtemps on s'est figuré que cette immense surface était le lit d'une mer desséchée; on en trouvait une preuve dans ces dépôts de sel qu'on rencontre en divers points du Sahara et dans la salure même de ses rares rivières; on en trouvait encore une preuve dans l'existence des régions sablonneuses et des dunes de sable qui parsèment sa surface et qu'on croyait avoir été formées par les flots marins; on s'imaginait que la surface même du Sahara était presque entièrement au-dessous du niveau de l'Océan; un Anglais, Mackenzie, proposait même sérieusement de faire une tranchée partant du cap Jupy et d'introduire les eaux de l'Atlantique dans le Désert, qu'elles couvriraient alors en entier, faisant ainsi disparaître l'impénétrable barrière qui existe entre nos régions et le continent des noirs. Les observations des voyageurs ont montré la fausseté de ces hypothèses; on a reconnu dans le Sahara une altitude moyenne de près de 500 mètres au-dessus du niveau de la mer; on y a vu des montagnes de 1,200 à 1,500 mètres d'élévation, par exemple dans l'Aïr, le Tibesti, le Djebel Ahaggar; on pense même que dans ce dernier pays, qui est comme le nœud orographique du Sahara, il y a des sommets dépassant 2,000 mètres et que les neiges recouvrent une partie de l'année. On a constaté que la formation des dunes était due uniquement au climat actuel du Sahara et à l'action des agents atmosphériques; on a compris que la présence du sel n'était pas non plus une preuve du séjour des eaux marines. En effet, si la mer est salée, c'est parce qu'elle est le réceptacle de toutes les rivières qui délaient les sels contenus dans le sol et les lui portent dans une proportion minime, mais infiniment renouvelée; les rivières sahariennes de même, les transportent dans des bas-fonds et les y accumulent à leur embouchure intérieure, comme elles feraient par leur débouché dans l'Océan.

L'existence de la mer saharienne, du moins à l'époque où est apparu l'homme sur la terre, c'est-à-dire à l'époque que les géologues dénomment quaternaire, n'est plus admise aujourd'hui. Quelques savants, se basant sur ce fait démontré que quelques portions du Sahara sont au-dessous du niveau de la mer, ont pensé que s'il n'y avait pas eu de mer recouvrant tout le Désert, du moins ces portions du Sahara avaient pu être recouvertes par les eaux de la Méditerranée. On l'a soutenu, et cette hypothèse est en effet assez vraisemblable, pour une bande de sables du désert libyque, qui sur une longueur de 330 kilomètres de l'Ouest à l'Est et une largeur de quelques kilomètres seulement, se trouve en effet de 27 à 70 mètres au-dessous du niveau de la mer; il y aurait eu là un golfe méditerranéen recouvrant, outre la bande d'oasis, tout le delta du

Nil et c'est ce fleuve qui par ses apports aurait fait reculer la mer. On a soutenu la même chose pour une vaste surface au sud de l'Aurès et de la Tunisie, et où l'on projetait de créer la mer Intérieure (projet Roudaire); mais ici on a démontré que le seuil de Gabès, qui s'élève à quelques dizaines de mètres au-dessus du niveau de la mer sur une longueur d'une centaine de kilomètres, a toujours, à l'époque quaternaire du moins, existé avec son relief actuel et que jadis comme aujourd'hui il empêchait la dépression des Chotts Mel'rir, Djerid, etc., de communiquer avec la Méditerranée.

Des études nombreuses faites sur le sol saharien, il résulte toutefois que le Désert n'a pas toujours été tel que nous le voyons : au commencement de l'époque quaternaire, ses bas-fonds étaient recouverts de grands lacs, dont les Chotts et les Sebkra sont les restes presque évaporés. L'Afrique du Nord-Ouest présentait alors de grandes cuvettes pleines d'eau, analogues à celles que l'on voit dans la région de l'Afrique orientale dite région des grands lacs. De grands fleuves y descendaient des flancs des monts, fleuves dont il ne reste plus que les lits desséchés, pleins de roches et de pierres, comme est notamment le lit de l'Igharghar. Alors des pluies torrentielles tombaient sur le sol et des inondations terribles emportaient les roches et les terres, bouleversaient la figure des vallées, changeaient sans cesse la forme superficielle du terrain. Cette abondance de l'eau donnait à la végétation des formes vigoureuses, et de grands animaux, comme les éléphants, les hippopotames, les crocodiles vivaient dans ces régions marécageuses et boisées. L'homme fut témoin de ces scènes, et les nombreuses stations de silex taillés, trouvées sur mille points du Sahara, attestent que le Désert était alors peuplé.

Mais à une époque qui précède celle dont l'histoire a gardé le souvenir, à une époque qu'on ne peut du reste autrement préciser, le Sahara commença à s'assécher, et d'autre part les volcans alors en activité s'éteignirent. Il s'accomplit sur toute la surface du globe des modifications importantes dans la répartition des continents et des mers : les plaines immenses, qui s'étendent de la Sibérie à la mer Caspienne, émergèrent au-dessus des eaux. C'était là que le grand courant alisé, produit par la rotation de la terre et qui va de l'Est à l'Ouest, en déviant un peu vers le Sud, prenait l'humidité qu'il déversait en pluies diluviennes sur le Sahara ; quand ce vent, qui est le vent dominant au Désert, au lieu de passer sur des surfaces marines passa sur des surfaces devenues continentales, il emporta moins de vapeurs et devint un vent sec ; c'est lui qui a créé cette vaste zone de terrains arides qui va du Turkestan à l'océan Atlantique. De jour en jour le Sahara alla s'asséchant ; les formes végétales et animales qui ont besoin pour leur existence d'une grande quantité d'eau s'éteignirent ou émigrèrent vers des contrées plus favorisées ; elles furent remplacées par d'autres qui s'accommodent mieux de la sécheresse et l'homme lui-même dut se retirer dans les endroits où il restait un peu d'eau, dans les vallées des anciens fleuves, ou sur le flanc des monts qui arrêtent les vapeurs de l'atmosphère et les résolvent en eau.

La sécheresse est, en effet, de nos jours la caractéristique du climat saharien, et de quelque point du ciel que le vent vienne à souffler, il n'apporte que bien rarement un peu d'humidité : nous avons vu que le vent d'Est qui a passé sur les steppes asiatiques est presque entièrement privé de vapeurs ; il en est de même de celui du Nord ; son passage sur la Méditerranée, une mer relativement étroite ne l'a pas mouillé suffisamment, et du reste il décharge son eau sur les flancs de l'Atlas et arrive au Sahara presque desséché ; le vent du Sud et celui de l'Ouest n'ont qu'une action rare, limitée à la première bande de terre sur laquelle ils passent. Nulle part sur le globe, l'air n'a été trouvé plus sec que dans le Sahara; les brouillards y sont un phénomène presque inconnu; la rosée même, après les nuits claires et froides, y est à peu près partout insignifiante. Les pluies manquent quelquefois totalement pendant plusieurs années; parfois cependant des orages, dus à des phénomènes locaux, comme dans les régions montagneuses de l'Aïr et du Ahaggar, viennent en quelques heures remplir les oueds et former des torrents que le désert a bientôt bus.

Si l'eau atmosphérique manque presque totalement dans plusieurs régions sahariennes, elles ont en revanche des eaux souterraines, et cela est dû à leur constitution géologique. En effet, l'eau des pluies ne se perd pas seulement par l'évaporation, mais aussi et surtout par l'infiltration dans le sol. Si celui-ci était imperméable et que l'eau demeurât exposée à l'évaporation ardente, il n'en resterait bientôt plus une goutte et le Désert serait plus aride encore qu'il n'est, incapable de produire la moindre plante ou de nourrir le dernier des insectes; heureusement, il n'en est pas ainsi; une bonne partie de l'eau pluviale filtre à travers le sol rocailleux et dénudé ou à travers les sables, descend à des profondeurs parfois considérables et s'arrête seulement quand elle trouve des couches de terrains imperméables. Là elle est en quelque sorte mise en réserve, à l'abri des rayons du soleil et de la sécheresse de l'air; elle en ressort soit naturellement, dans des terrains situés en contre-bas, dans les vallées ou dans des cuvettes marécageuses, soit artificiellement au moyen de puits; parfois même elle est arrêtée à une faible profondeur et il suffit de placer les palmiers dans un trou creusé au milieu du sable pour que leurs racines aillent baigner dans l'eau mise en réserve. Les dépôts souterrains et les nappes semblent devoir être fort nombreux

4

dans le Sahara, et il est à présumer qu'une exploration plus complète en fera rencontrer dans des régions regardées aujourd'hui comme absolument arides et infranchissables.

Un autre trait caractéristique du climat saharien, c'est sa violence, les écarts extrêmes de froid et de chaud. Le jour, sous un soleil ardent, le thermomètre monte parfois à 70 degrés, et à l'ombre même on constate 45 ou 50 degrés; la nuit, par suite du ciel sans nuages et du rayonnement, la température descend au-dessous de zéro et dans les régions montagneuses une pellicule de glace recouvre les sources et les fontaines. L'hiver et l'été, ces mêmes extrêmes se remarquent, sauf que le sirocco vient parfois la nuit embraser l'atmosphère. Le vent et la chaleur ont leur maximum d'intensité dans ces immenses plaines sans obstacles, sans montagnes ni végétation; ils y règnent en maîtres, dans toute leur horreur, forces aveugles qui font du Sahara le pays vraiment le plus sauvage qu'on puisse voir sur notre planète.

On comprend que ces conditions de sécheresse, de violence de la température, de pusisance du vent sont des conditions particulièrement mauvaises pour la vie des plantes. Les espèces en sont peu nombreuses; à peine en peut-on compter cinq cents et encore singulièrement clairsemées et de forme bizarre. La végétation arborescente surtout est pauvre et il n'y a à citer comme appartenant en propre au Sahara que le palmier-dattier. Il est là dans son véritable domaine; il constitue presque l'unique richesse des oasis depuis les bords de l'Atlantique jusqu'aux rives du Nil et des flancs de l'Atlas au voisinage du Niger; partout ailleurs il est un étranger, et, s'il croît assez bien, du moins ses fruits n'arrivent pas à maturité. Il lui faut un climat chaud et doux, une humidité très grande, et les Arabes ont coutume de dire qu'il ne vient bien « que les pieds dans l'eau et la tête dans le feu ». D'après la forme de l'arbre

PALMIERS-DATTIERS

et de ses divers organes, on jugerait *a priori* qu'il ne doit pas résister aux froids du Sahara; mais la façon dont il s'alimente explique qu'il puisse y prospérer; c'est qu'il vit presque exclusivement par ses racines et que celles-ci se nourrissent de l'eau souterraine qui est toujours tiède; grâce à cette circonstance, le palmier-dattier est le véritable arbre du Sahara. Le talha ou acacia-gommier, plante des pays secs d'Arabie et du Somal, le tamaris, le térébinthe, le pistachier, le palmier-doum qu'on rencontre aussi dans presque toutes les parties du Désert sont des arbres étrangers, immigrés de l'Atlas ou du Soudan et ne doivent qu'à des circonstances locales exceptionnellement favorables de pouvoir vivre dans un tel milieu : il en est de même, à plus forte raison, des arbres unis par des lianes que E. von Bary vit près du lac Mihero, des figuiers, des thuyas qui existent dans le massif du Ahaggar.

La flore du Sahara pour les petites espèces se rapproche beaucoup de celle des steppes; ce sont en général des plantes au tissu très sec, dont les feuilles présentent à l'évaporation une surface très réduite, aux formes rampantes, telles que le drinn, le retem, des arbustes protégés contre le climat par des épines ou un revêtement pileux comme le jujubier, des plantes grasses comme la coloquinte aux fruits amers ou le falezlez, jusquiame vénéneuse dont la puissance malfaisante paraît augmenter avec l'altitude de la station où elle vit. Si cette flore est bien pauvre, il faut néanmoins remarquer qu'il est fort rare de rencontrer de grandes surfaces qui en soient totalement dépourvues; à la moindre pluie, rochers et sables se revêtent d'une végétation herbacée qui croît, verdit et meurt en quelques jours avec une hâte vraiment merveilleuse. En trois jours, l'explorateur Tristam vit une vallée saharienne se couvrir de verdure, et Duveyrier nous apprend que dans le Ahaggar, des pluies étant survenues après une sécheresse de neuf années, sept jours suffirent pour revêtir de la plus belle verdure des pâturages auxquels jusqu'alors toute manifestation d'activité organique avait fait défaut. On peut dire, avec le naturaliste Grisebach, que c'est un exemple saillant de la domination de la vie, même dans le Désert, le triomphe de la création sur les forces destructives.

Ces conditions restreintes de la vie végétale déterminent forcément une vie animale assez pauvre. Le Sahara, dans son état actuel, ne peut plus nourrir ni les hippopotames, ni les éléphants, ni les girafes, ni les bœufs que mentionnent les auteurs de l'antiquité, comme Hérodote et Pline et que représentent certains dessins tracés par les hommes sahariens sur les rochers. Les crocodiles aussi ne s'y retrouvent plus, quoique le voyageur E. von Bary affirme avoir vu leurs traces sur les bords du lac Mihéro, au pays des Touareg, et nous dise qu'ils sont très redoutés des bergers; il paraît qu'ils n'ont pas aujourd'hui plus de deux mètres de longueur, la race, par suite du manque d'eau, s'étant rapetissée avant de disparaître entièrement. Le lion, ce lion du Désert dont parlent les poètes, n'existe pas en réalité, car il faut à ce roi des animaux une nourriture abondante que les pays boisés et giboyeux peuvent seuls lui fournir; il y a bien une espèce de lion tout à fait au Sud, dans le massif montagneux de l'Aïr, mais un lion sans crinière, et semblable à ceux du Soudan, qui n'ont ni la puissante organisation, ni la hardiesse de leurs congénères de l'Atlas. Le sanglier ne se rencontre que dans quelques districts du Tibesti; le loup, la hyène, le chacal n'apparaissent que çà et là dans les parties du Désert relativement bien arrosées et verdoyantes.

Les espèces caractéristiques de la faune saharienne sont les antilopes, les onagres, les fenech, les gerboises, etc. Les antilopes comptent d'innombrables espèces, parmi lesquelles les plus remarquables sont les *moha* ou *begueur el ouach*, sorte de mouflons à manchettes qui vivent surtout parmi les roches à pic et les précipices, et les gazelles. Ces gracieux animaux qui, par petites troupes, parcourent dans leur course rapide les régions de dunes, ont été chantés par tous les poètes arabes, et c'est à leurs beaux yeux profonds et à leurs formes sveltes qu'ils empruntent leurs plus jolies comparaisons pour chanter les charmes de

GAZELLES

leurs dames. Les nomades, sans s'occuper de tant de poésie, font aux gazelles une chasse très active pour leur chair qui est savoureuse et parfumée ; ils récoltent aussi leurs excréments qui répandent une douce odeur de musc pour en faire des parfums et les mêler à leur tabac. Les onagres, ânes sauvages à la belle robe, qu'on rencontre surtout sur les plateaux contreforts du Ahaggar, ne sont pas aussi rapides que le disent certains voyageurs ; on les force facilement avec un bon cheval, mais ils ne peuvent vivre dans la domesticité. Les gerboises, petits animaux à longues pattes et de la taille d'un rat, qui font des sauts prodigieux, abondent dans les dunes, où leurs terriers profonds s'écrasent sous le pied des chameaux et les font trébucher. Là aussi vivent les fenech, sorte de petits renards fauves, et un certain nombre d'autruches, ce grand animal étrange que les Arabes, dans leur langue pittoresque, appellent l'oiseau-chameau. Il n'y en a plus que fort peu, car on leur a fait, pour s'emparer de leurs plumes si précieuses, une chasse acharnée; elles sont surtout dans le Sahara occidental et oriental : ailleurs on ne voit plus guère que les écailles brisées de leurs œufs.

Si les grands animaux sont rares dans le Désert, les reptiles et les insectes y pullulent. Les anciens avaient déjà été frappés de ce fait, et, pour eux, le Sahara était le pays des serpents les plus terribles et les plus étranges. On y a trouvé des pythons d'une grandeur extraordinaire et qui semblent les derniers survivants d'une race disparue qui a pu donner naissance à ce récit, au moins exagéré, d'un serpent immense, qui aurait combattu l'armée romaine de Régulus sur les bords de la Medjerda. Partout, dans les dunes ou sur les plateaux pierreux, on rencontre des vipères à cornes, des serpents-minute, des zorreig, qui, dit-on, se jettent de 4 ou 5 mètres de distance sur les hommes et les blessent par la seule force de leur projection, des scorpions innombrables et de toutes les couleurs, de grands et gros lézards gris ou jaunes dont quelques-uns ont près de 1 mètre de long, des araignées, des coléoptères, et la foule des parasites qui tourmentent l'homme; races mauvaises qui ajoutent aux périls et aux désagréments de la vie au Désert. Parfois aussi, l'horizon s'obscurcit de nuages de sauterelles qui volent vers le Nord; mais ces insectes ailés qui, dans les pays cultivés, font la ruine et le désespoir du laboureur, sont ici une ressource. Le Saharien les recueille, les fait sécher au soleil ou bouillir dans un peu d'eau ou griller dans le beurre, les assaisonne de sel et en fait provision; c'est pour lui une nourriture succulente et sur les marchés de l'extrême Sud il s'en vend des quantités notables.

Les oiseaux sont peu nombreux; on peut marcher des journées entières sans en apercevoir un seul; ceux qu'on rencontre de loin en loin sont quelques tourterelles, pigeons, perdrix et moineaux, là où il y a un peu de végétation, ou bien des vautours et des corbeaux qui se nourrissent des cadavres d'hommes et d'animaux parsemant les routes. Les poissons qu'on trouve dans les mares, comme le lac Mengouch ou les creux remplis d'eau des rochers du Ahaggar, appartiennent à des espèces qu'on retrouve aussi dans les eaux du Niger et du Nil; ce sont comme les derniers vestiges de la faune disparue qui jadis animait ces contrées.

Les animaux domestiques du Sahara sont d'espèces peu variées : le bœuf, qui jadis vivait sur la plupart des points de sa surface, notamment dans la région de Rhat et le Tibesti, comme en témoignent les inscriptions rupestres, ne se trouve plus que dans le massif montagneux et bien arrosé de l'Aïr; c'est le zébu ou bœuf à bosse que l'on emploie comme porteur. Les chevaux sont peu nombreux; à El-Goléa il n'y en a que deux; ils sont presque aussi rares dans le Gourara, le Touat, le Tidikelt, l'Oued-R'ir, le Souf, le Fezzan; il n'y a que les chefs riches qui en possèdent et qui les nourrissent le plus souvent avec des noyaux de dattes et du lait de chamelles: ces animaux deviennent forcément d'une grande sobriété et peuvent rester deux ou trois jours sans boire: quant aux Touareg du Nord, ils n'en ont point et leurs méhara sont si peu habitués à voir des chevaux que la vue ou l'odeur de ceux-ci les épouvante et les met en fuite. Plus nombreux sont les ânes: ce petit animal, sobre, vaillant, sert aux transports en beaucoup d'oasis et les caravanes en comptent souvent une grande quantité. Nombreux aussi sont les moutons et les chèvres, qui se contentent d'une maigre quantité d'eau et de pâturages desséchés; mais les moutons au sud d'El-Goléa et d'El-Oued sont d'une espèce particulière, qui, au lieu de laine, est couverte de poils semblables à ceux des chèvres. Quant à la volaille, assez nombreuse dans quelques oasis, elle est d'une race minuscule.

La vraie ressource des Sahariens en fait d'animaux domestiques, c'est le chameau. Cette bête, à la forme étrange, presque antédiluvienne ou apocalyptique, est faite pour le Désert et semble n'y avoir été introduite que depuis deux mille ans environ, depuis l'époque où le Désert asséché est devenu infranchissable et inhabitable pour les chevaux et les bœufs. Sa conformation est merveilleusement appropriée au milieu où il vit : un corps réduit au strict nécessaire, tout d'os et de muscles, un pied large et mou qui lui permet de ne pas enfoncer dans les sables, des jambes hautes, sèches, nerveuses, des flancs étroits comme disposés pour porter le bât, un long cou qui lui permet d'atteindre à droite et à gauche les herbes qu'il rencontre, sans s'arrêter dans sa marche, une mâchoire puissante capable de triturer ces plantes dures comme du bois qu'on appelle « herbe à chameau ». Ajoutez ces estomacs multiples qui emmagasinent la nourriture et la boisson pour de nombreux jours. Un chameau, l'hiver, quand le fourrage est frais et humide, peut demeurer deux mois, sans aller à l'aiguade; en été, dans les plaines arides et brûlantes, il peut voyager une dizaine de jours sans absorber une goutte d'eau. Mais après cette longue abstinence, il sent la présence de l'eau à plusieurs kilomètres, et, abandonnant alors son allure ordinairement lente et mesurée, il vole comme le vent vers le puits qu'il a deviné ; il boit d'un trait de 60 à 100 litres, et, pour peu que le nombre des chameaux d'une caravane soit élevé ou que le débit du puits soit faible, celui-ci est bientôt tari jusqu'à la dernière goutte.

Le chameau a bien des défauts : il beugle quand on le charge ou qu'on le décharge ; la nuit, au bivouac, il rumine et le bruit monotone de ses puissantes mâchoires tient le voyageur longtemps éveillé ; à tout instant il s'écarte de la route ; au moindre bruit, il s'épouvante, renverse sa charge et fuit droit devant lui, sans que rien puisse arrêter sa course folle ; tout objet nouveau l'effraye et il n'y a rien de plus difficile que de le faire entrer dans nos villes ou passer sur nos ponts, quand il n'en a pas l'habitude ; comme monture, il secoue durement celui qu'il porte et le regarde fixement pendant des heures, de ses grands yeux bêtes, invinciblement retournés. Mais en échange, que de services il rend aux Sahariens ! Sans lui, ceux-ci ne pourraient réellement subsister. Non seulement, il leur sert à se transporter à des distances énormes pour les besoins de leur commerce et de leur vie nomade ; mais encore il leur donne le lait dont ils rafraîchissent leurs dattes et se nourrissent avec leurs familles ; ses poils fournissent la matière des tentes ; sa peau sert à faire les chaussures et d'autres objets ; sa chair, saine et nourrissante comme celle du bœuf, est le régal des jours de fête ; ses excréments même donnent assez souvent le combustible dont on a besoin.

On a remarqué que le chameau est peut-être le seul animal dont on ne connaisse pas d'individus demeurés à l'état sauvage ; il est un animal domestique par excellence ; il est, comme disent volontiers les Arabes, « *le navire du Désert* ». Son éducation est assez longue et compliquée ; mais plus longue encore est celle des chameaux coureurs, appelés *méhara* (au singulier *méhari*), qui sont aux chameaux ordinaires ce que nos chevaux de course sont aux chevaux de trait. « Le méhari, dit le général Daumas, est beaucoup plus svelte dans ses formes que le chameau vulgaire ; il a les oreilles élégantes de la gazelle, la souple encolure de l'autruche, le ventre évidé du slougui (lévrier) ; sa tête est sèche et gracieusement attachée à son cou; ses yeux sont noirs, beaux et saillants; ses lèvres, longues et fermes, cachent bien ses dents; sa bosse est petite, mais la partie de sa poitrine qui doit porter à terre, lorsqu'il s'accroupit, est forte et protubérante; le tronçon de sa queue est court; ses membres, très secs dans leur partie inférieure, sont bien fournis de muscles à partir du jarret et du genou jusqu'au tronc, et la face plantaire de ses pieds n'est pas large et n'est point empâtée; enfin ses crins sont rares à l'encolure, et ses poils, toujours fauves, sont fins comme ceux de la gerboise. » Les méhara sont généralement de couleur blanchâtre ou grise, plus rarement bruns; plus grands, plus forts, plus agiles que les chameaux ordinaires, ils sont aussi plus dociles, plus patients et plus sobres. La moindre pression sur le cou, par l'orteil de l'homme qui les monte, les fait s'agenouiller, s'arrêter ou prendre l'allure la plus rapide, suivant la manière dont cette pression s'exerce. Blessés ou battus, ils se taisent, ne dénonçant point à l'ennemi le lieu de l'embuscade. Ils supportent mieux la privation de fourrages et d'eau. Ils font facilement 20 à 30 lieues par jour, et cela pendant des semaines. Dernièrement un cheik d'In-Salah, avec le même méhari, fit 425 kilomètres en 96 heures.

C'est grâce à cette vitesse et à cette endurance prodigieuses des méhara que les tribus sahariennes, surtout les Touareg, peuvent vivre dans le Grand Désert, être présents partout dans leur pays immense et vide, aller surprendre, à des distances incroyables de leurs campements, une caravane, ou bien échapper à l'ardente poursuite de leurs ennemis. Aussi l'élevage du méhari est-il de leur part l'objet des plus grands soins. Quand il sort du ventre de sa mère, on l'emmaillote d'une large ceinture pour soutenir les intestins et pour empêcher que son ventre devienne trop volumineux; au bout de quelques jours, on enlève cet appareil et on l'habitue à venir se coucher sous la tente et jouer avec les enfants. Un an entier, il tète sa mère à son caprice et on le laisse librement déployer ses jeunes membres; à un an, on le sèvre, en lui passant dans les narines un morceau de bois pointu qui piquera sa mère et poussera celle-ci à le repousser par des ruades quand il voudra téter. Il suit les autres chameaux au pâturage et ce n'est qu'à l'âge de deux ans que son éducation commence, longue, menée avec patience et persévérance. On l'habitue peu à peu à obéir au bâton, au geste, à la voix, puis à la voix seulement; plus tard, on rive à sa narine droite un anneau de fer qu'il gardera jusqu'à sa mort et où passe une rêne en poil de chameau; on l'habitue à porter la rahalla, haute et large selle, où le cavalier est assis comme dans une tasse et d'où, avec la rêne et la pression des pieds nus, il guide sa monture. Il faut une année entière pour que cette éducation soit achevée, pour que l'animal soit propre aux expéditions et aux combats. Quelques-uns, que montent les femmes, ont appris à danser au son de la musique. Mais le spectacle le plus beau est encore celui d'une troupe de méhara, les animaux sur une ligne de front bien alignés et tendant le cou, les hommes immobiles, vêtus de sombre et tenant haut leurs longues lances; on dirait un seul et même être, bizarre et d'aspect fantastique.

Il serait difficile de dire d'une façon quelque peu précise le nombre de chameaux et de méhara qui vivent dans le Sahara, mais celui des premiers doit être de plusieurs millions, celui des autres de plusieurs centaines de mille. Il n'est pas rare de trouver des propriétaires de 500 à 2,000 chameaux, mais il est rare, même chez les Touareg, de rencontrer des personnages qui aient une cinquantaine de méhara; leur éducation absorbe trop de temps de la vie de leur maître.

CHAPITRE III

LES HOMMES ET LA VIE HUMAINE AU SAHARA

Nous avons vu déjà que la surface du Sahara n'est pas cette plaine immense qu'on s'est longtemps figurée, qu'elle a comme les autres régions ses massifs montagneux, ses chaînes de collines, ses vallées profondes et ses lits de rivières trop souvent desséchés. Il importe pour donner une idée précise de l'aspect de cette immense surface de mentionner les diverses espèces de pays qu'on rencontre de l'Est à l'Ouest. Près des rives mêmes du Nil, commence *le Désert libyque* qui s'étend vers l'Ouest jusqu'aux oasis de Koufra et du Borkou et dans le sens du Nord au Sud du littoral même de l'Égypte jusqu'au Darfour et au Kordofan; sur cette immense surface de près d'un million de kilomètres carrés, il n'y a que le pourtour qui présente quelque végétation et qui soit en partie habité; c'est d'abord la ligne des oasis de Selimeh, Khargeh, Dakhel, Farafrah, alimentées par des eaux souterraines qui coulent parallèlement au Nil, du Sud au Nord; c'est ensuite les oasis de Siouah et d'Aoudjila, dans une dépression assez notablement au-dessous du niveau de la mer et où l'on a pu projeter de créer une mer intérieure en y faisant pénétrer les flots de la Méditerranée; la Cyrénaïque serait devenue une grande île. Le Désert libyque, sauf sur ce pourtour constitué par des plateaux pierreux entrecoupés de faibles dunes, est la région des sables par excellence; sur 1,500 kilomètres dans le sens du Nord au Sud et sur une largeur d'Est en Ouest de plus de 500 kilomètres, on ne voit qu'une immense mer de sables, amoncelés en hautes dunes qui atteignent 100 et même 150 mètres de hauteur : nulle ombre de végétation, nulle source, nulle vie; c'est le séjour de la mort, pays que nul voyageur n'a pu traverser. Les habitants qui vivent dans les oasis du pourtour ne s'y sont jamais aventurés et en racontent des choses terribles. Des explorateurs allemands, Rholfs et Zittel, en 1874, tentèrent de le parcourir avec une caravane admirablement organisée; après six jours de marche, ils durent reconnaître l'impossibilité de cette tentative et se rejetèrent vers le Nord, vers l'oasis de Siouah, où ils arrivèrent épuisés par vingt-deux jours de marche; ils n'avaient vu que du sable et des roches crayeuses et point d'autre eau et d'autre verdure que celle que leur présentaient des mirages décevants. Aussi, si dans les oasis du pourtour, à l'Est et au Nord, on peut compter environ 35,000 habitants, Égyptiens, Berbères, Arabes, dans l'immense surface du Désert libyque central il n'y en a pas un seul et nulle caravane ne la traverse.

A l'ouest de ce vrai désert, il y a un groupe d'oasis verdoyantes, avec des lacs, des arbres de toutes espèces, une faune riche et nombreuse, et plus d'un million de palmiers : les oasis de Koufra, au nombre de cinq principales, distantes les unes des autres d'une centaine de kilomètres; elles sont comme isolées et perdues dans le Sahara, séparées du reste du monde par des espaces de plus de 400 kilomètres sans eau. Les habitants, de race berbère, ne veulent pas qu'on creuse des puits sur les voies qui mènent à leur pays; aussi, sont-ils soustraits à toute autorité et ne reçoivent-ils comme visiteurs que quelques khouan de l'ordre des Senoussi, établis à Djerboub dans l'oasis d'Aoudjila.

Au Sud-ouest, le Désert libyque s'arrête devant un massif de montagnes qui court du Sud-Est au Nord-Ouest sur une longueur de plus de 1,000 kilomètres; même cette chaîne se prolonge, sur une étendue encore aussi considérable au delà, par des collines et des plateaux jusqu'au Touat, jusqu'au sud de nos possessions algériennes. Ce massif montagneux, qui n'a dans la partie méridionale qu'une altitude médiocre, forme les oasis d'Ennedi, de Borkou et d'Ounyanga; au Nord il se relève, notamment dans le massif du Tarso, où des sommets atteignent 2,500 mètres et sont quelquefois couverts d'un peu de neige; plusieurs sont d'anciens volcans. Mais le pays est sec et pauvre et se nomme le Tibesti. Les habitants sont d'une race particulière, les Tibbou, remarquables par leur force, leur beauté, leur sobriété extraordinaire et leur intelligence; on ne peut guère évaluer à plus de 30,000 le nombre des individus qui vivent dans les oasis au sud-ouest du Désert libyque.

Au nord-ouest du Désert libyque et à une centaine de kilomètres est une importante région d'oasis, le Fezzan, habité par plus de 30,000 individus et qui forme une province de la Tripolitaine, par conséquent sous l'autorité de la Turquie. Mourzouk, sa capitale, est une ville florissante de 7,000 habitants, bien placée pour le commerce entre la Méditerranée et le Soudan; une route facile, jalonnée par les belles oasis de Gatroun, Kaouar, Bilma, aux riches mines de sel, conduit vers le lac Tchad, route, qui, si elle était au pouvoir d'un État civilisé et riche, serait la vraie voie naturelle du Transsaharien.

Nous sommes arrivés maintenant au cœur du Sahara, à un vaste ensemble de montagnes et de plateaux qu'on appelle le Ahaggar et sur les flancs desquels sont établies les diverses tribus des Touareg : la partie orientale est pleine de défilés et de gorges. « Nulle part, dit Elisée Reclus, la nature ne paraît plus formidable et plus inhospitalière.

« La nudité absolue des escarpements, l'éclat sombre des roches de grès noirâtre, la forme étrange des saillies que ne recouvre ni un brin d'herbe ni une mousse, cet ensemble désolé fait sur l'esprit du voyageur une impression plus terrible encore que l'infini des sables. » C'est par cette partie que passe la route qui va de Rhat à la lointaine et riche oasis montagneuse du Sud, l'Aïr ou Asben, que l'on a quelquefois qualifiée de *Suisse du Sahara.* A l'ouest de cette route, le massif, tourmenté et raviné profondément, se couronne de puys volcaniques atteignant 1,500 mètres; au centre, il en est quelques-uns qui s'élèvent jusqu'à 2,000 mètres et qui sont couverts de neige une partie de l'hiver. De grands fleuves à sec descendent de ses flancs et une flore et une faune plus riches que celles qu'on remarque ordinairement dans le Désert permettent à de nombreuses tribus Touareg d'y trouver leur subsistance. Sur cet espace, deux fois grand comme la France, il n'y a pourtant pas plus de 30 à 40,000 habitants.

Au nord-ouest du massif central, dans des dépressions où coulent des fleuves souterrains venus de l'Atlas, sont épars les groupes d'oasis les plus importants de tout le Sahara, groupes qui sont sous la dépendance naturelle de notre Algérie. C'est, outre le Souf et l'Oued-R'ir, outre Ouargla et El-Goléa, qui font partie intégrante du territoire français, les districts du Tidikelt, du Touat, du Gourara, du Tafilelt, qui comprennent au moins cent cinquante mille hommes de race berbère ou arabe et de nègres, dix millions de palmiers et plus de cinq cents villes et villages. Une grande zone de dunes, appelée El-Erg ou Areg, sépare malheureusement cette région relativement riche d'avec notre domaine algérien et rend les communications difficiles.

A l'ouest du massif central, le Sahara qu'on appelle occidental présente des aspects différents suivant les régions; c'est d'abord le désert crayeux et désolé du Tanezrouft, puis les grandes dunes d'Iguidi; plus au Sud, le désert de El-Djouf, sablonneux et d'une traversée difficile, les curieuses oasis montagneuses de l'Adrar, et enfin, jusqu'aux rives de l'Atlantique, des steppes que parcourent les tribus nomades des Brabich, des Ouled-Bou-Sba et des Ouled-Delim. Cette partie du Sahara doit au voisinage de l'Atlantique des conditions d'existence pour les hommes meilleures que celles de la partie orientale.

On voit par ce qui vient d'être dit que le Sahara n'est pas partout inhabité et que cinq cent mille hommes environ résident ou se meuvent à travers son immense surface. Le fond de cette population, en partie sédentaire, en partie nomade, est de race berbère, une vieille race qui semble avoir occupé jadis tout le nord de l'Afrique, qui avait une langue, un alphabet, une religion à part, mais qui depuis des siècles a subi l'influence des envahisseurs arabes, a accepté leur symbole religieux, s'est mélangée à eux, a adopté leurs mœurs et parfois leur langue. A ces deux éléments essentiels, qu'on retrouve mélangés dans des proportions variables des rives du Nil à celles de l'Atlantique, il faut ajouter un bon nombre de nègres amenés en esclavage des diverses contrées du Soudan et des métis de toute espèce nés du croisement de ces diverses races. De là cette population peu homogène, divisée en mille tribus qui n'ont de commun que le fanatisme musulman et la haine du chrétien.

Nous ferons connaître les plus remarquables de ces tribus diverses, à mesure que nous parcourrons les contrées qu'elles occupent; mais comme la similitude des conditions d'existence dans le Sahara a établi entre elles bien des traits communs pour la manière de vivre, nous indiquerons d'abord ces caractères généraux de la vie au Sahara. L'eau en étant la condition première et inéluctable, ce n'est que là où elle se trouve que les hommes ont pu se grouper. Est-elle abondante? elle fait naître les plantes et les arbres, et des agglomérations plus ou moins importantes d'individus subsistent; ce sont les oasis. Est-elle en quantité plus faible? il n'y en a pas assez pour qu'on la fasse servir à la culture et il n'y a que des puits, où viennent se désaltérer les troupeaux des nomades et les caravanes de voyageurs. De là deux genres de vie; la vie sédentaire pour les habitants des oasis; la vie nomade pour les pasteurs; ceux-ci d'ailleurs restent à une distance assez faible des lieux habités, où ils ont besoin d'aller chercher de temps à autre quelques-uns des objets les plus nécessaires à leur existence simple et sans grands besoins.

Les gens des oasis vivent surtout de la culture des palmiers-dattiers; mais à l'ombre de ces beaux arbres, on peut facilement faire pousser d'autres plantes; il y a des carrés d'orge pour les bêtes, des carrés de légumes, des plants de tabac et de chanvre pour les hommes qui fument, même des arbres fruitiers tels que le grenadier, le figuier, l'abricotier, même l'oranger. Sous le soleil ardent, quand l'eau coule avec abondance à la surface du sol, comme près des puits artésiens de l'Oued-R'ir, tout cela vient sans autre travail que celui de semer ou de planter, de féconder les dattiers en attachant quelque fruit du palmier mâle près des régimes que portent les palmiers femelles, enfin de récolter; mais, dans la plupart des cas, l'eau n'arrive pas jusqu'à la surface du sol et il faut l'amener du fond des puits à l'orifice, pour la déverser sur la terre avide. Le plus souvent on se sert d'un appareil dit à bascule : près de l'orifice du puits est construit un petit mur en pierre ou en briques séchées au soleil;

sur le milieu du mur est attachée au moyen de cordes une longue et solide perche, faite de branches de palmiers; à l'extrémité dirigée vers le puits est une corde munie d'un seau en cuir; à l'autre extrémité est fixée une lourde motte de terre, destinée à faire contrepoids et à maintenir l'appareil en équilibre normal. Un faible effort fait pencher l'extrémité antérieure, et le seau descend dans le puits et s'emplit d'eau; un effort en sens inverse le fait remonter; l'homme le saisit et le déverse dans un canal creusé tout près ou *seguia* qui conduit le précieux liquide dans le jardin. Dans d'autres oasis le système élévatoire est un peu différent; au-dessus de l'orifice du puits est une poulie autour de laquelle s'enroule une longue corde dont une extrémité, munie d'un seau, plonge dans le puits; à l'autre extrémité de la corde est attaché un chameau ou un âne, ou bien encore une femme, un enfant; l'animal, ou la personne qui en fait l'office, tire la corde en longueur sur un chemin laissé libre, et le mouvement horizontal se transformant grâce à la poulie en mouvement vertical, fait remonter le seau plein; on le déverse comme précédemment dans la seguia. En certaines régions, comme El-Goléa, les oasis du Touat et du Gourara, même dans le Fezzan, il y a des puits à galeries, *foggara* (au pluriel *feggaguir*). L'eau qui se trouve dans des parties élevées est conduite par des galeries couvertes aux terrains situés plus bas. Enfin dans les parties du Désert où l'eau abonde à une faible profondeur sous le sol, on n'a besoin d'aucun appareil; on se contente de creuser un trou de quelques mètres, au fond duquel on plante le jeune palmier et on l'arrose pendant quelques jours; bientôt ses racines pénétrant dans le sol atteignent la nappe aquifère et s'y alimentent; du milieu des sables ces palmiers émergent sans qu'on aperçoive l'eau qui les fait vivre. A El-Goléa, au Souf surtout, on voit beaucoup de ces sortes de jardins.

Les endroits où l'abondance de l'eau a fait s'agglomérer les homme sont appelés oasis. De loin la verdure sombre des palmiers massés le annonce; puis, à mesure qu'on avance, on distingue une petite ville ana logue à nos cités fortifiées du moyen âge; c'est le ksar, c'est-à-dire l la forteresse[1]. Une enceinte crénelée, flanquée de quelques tours ronde ou carrées, le tout en terre gâchée ou en blocs de marne, l'enveloppe bordée souvent d'un fossé rempli d'eau. L'ardeur des compétitions pou s'emparer des sources, la menace toujours présente de quelque incur sion des nomades pillards dont foisonne le Sahara, ont obligé chaqu oasis à se constituer en état permanent de défense. Par-dessus le murailles du ksar, on devine la présence ou plus souvent on voit s'étage les unes au-dessus des autres de nombreuses petites maisons blanche ou grises, étroitement serrées et qui ressemblent à de petits cubes d pierre amoncelés. Cà et là quelques bâtiments un peu plus considérable s'aperçoivent; ce sont des mosquées, recouvertes de dômes ou *koubbas* ou surmontées de minarets pointus. Ces aiguilles de terre, les tige élancées des palmiers, dominent l'ensemble et lui donnent un cache pittoresque. Qui a vu un ksar saharien connaît tous les autres, tant ils s ressemblent, sauf les différences qui résultent naturellement de la confi guration du sol et du plus ou moins d'étendue de l'oasis. Les matériau de construction sont partout les mêmes; presque toujours ce sont de briques grossières en terre gâchée, séchées simplement au soleil et qu'o appelle *toubs;* quelquefois on emploie des blocs de marne calcaire o gypseuse; quant à la pierre, elle est peu en usage.

Quand on entre dans le ksar par une porte d'aspect chétif, o pénètre dans un dédale de rues tortueuses et étroites, quelquefois à pentes très raides; c'est à peine si deux hommes y peuvent passer d

1. Ce mot fait au pluriel : *Ksour*, d'où le nom donné aux habitants : Ksouriens

front. Assez souvent les rues sont recouvertes par les maisons qui se touchent à leur partie supérieure et sont de véritables galeries souterraines, obscures, relativement fraîches pendant les ardeurs de l'été. Une banquette grossière en terre durcie, court le long des maisons et permet aux habitants de s'asseoir et de causer. Des regards placés de loin en loin éclairent faiblement quelques parties de ces ruelles, où l'on est exposé à se heurter contre des chameaux et d'autres animaux domestiques. Les maisons, bâties en toubs et en branches de palmier, sont petites, basses et étroites. La flexibilité et le peu de résistance du bois de palmier employé pour la charpente ne permet pas de faire des couvertures de grande portée. Les maisons sont toutes surmontées d'une terrasse en terre gâchée, soutenue aussi par des troncs ou des branches de palmier; c'est là que les femmes viennent respirer l'air frais, le soir, et comme toutes les maisons se touchent et que les rues même ne les isolent pas, elles peuvent facilement passer d'une terrasse à celles adjacentes et aller s'entretenir avec leurs voisines. Dans certains ksour même les terrasses communiquent toutes et l'on peut faire le tour de la ville par les toits.

A l'intérieur, la maison du Saharien est obscure; elle ne reçoit un peu de jour que par une porte étroite donnant sur une cour intérieure ou encore par un regard percé dans la toiture; par là aussi s'échappe la fumée du foyer après avoir empli la salle; quant à la porte, étroite et basse aussi, qui donne sur la rue, elle est constamment fermée avec soin. Point ou peu de meubles: le lit est un simple ressaut du sol, en terre battue, recouvert d'herbes sèches, de nattes ou même de sable fin; quelques grossiers ustensiles de ménage en fer ou en poterie, une *guessaa* ou plat creux en bois pour servir le couscoussou, un foyer formé de quelques pierres, des outres en cuir goudronné pour garder l'eau, des provisions de dattes et de farine dans un coin, voilà ce qu'on y trouve d'ordinaire. Les plus riches ont des nattes, des tapis, des coffres en bois où ils serrent sous clef leurs effets et bijoux. Dans la cour, ou plus souvent dans la maison même, il y a quelque métier primitif pour tisser la laine ou les poils de chameau. Presque point de bétail ; seulement un petit nombre d'ânes et de chèvres et des volailles grosses comme le poing.

La vie dans ces demeures est généralement misérable, monotone et triste. La nourriture se compose surtout de dattes, qui constitueraient un aliment très échauffant, si on ne les mangeait en buvant du lait de chamelle; les Sahariens s'invitent entre eux par cette formule : *viens chez moi rafraîchir la datte.* Pour varier, un peu de farine d'orge, de laquelle on fait des galettes, de la bouillie, du couscoussou. Dans bien des familles, elle est remplacée pour ces diverses préparations par le *loul*, farine faite avec les grains de la plante sauvage nommée *drinn*, qui sont comme des grains de millet très petits et peu comestibles. A certaines époques on peut avoir aussi quelques légumes ou fruits. Ce n'est que de loin en loin, aux jours de fête et de *diffa* qu'on peut acheter ou qu'on reçoit gratis un peu de viande de gazelle, de mouton ou de chameau ; cette dernière vaut le bon bœuf. Les hommes passent leur vie à cultiver les jardins, à récolter les fruits ; mais ils deviennent oisifs une bonne partie de l'année, restant de longues heures à fumer, à boire le café, à écouter des chanteurs ou conteurs, à causer de toutes choses sans but et sans esprit. La plus grosse part du travail est dévolue aux enfants et aux femmes ; celles-ci soignent le bétail, vont chercher l'eau et le bois, ce dernier à de grandes distances, car la consommation rapide dans le voisinage du ksar épuise bientôt et empêche de se reproduire les herbes sèches qui servent de combustible ; dans la maison, outre le ménage, elles font des tissus en laine ou en poils de chameau (gandouras, haïks, tentes), des ouvrages de broderie assez délicats. La monotonie de cette existence précaire est parfois interrompue ; un jour, c'est une caravane qui passe, apportant des marchandises que l'on convoite et des nouvelles que l'on écoute avidement; d'autres fois, c'est l'enterrement d'un homme riche, dont la famille offre un banquet, une ample diffa; ou bien, c'est un mariage, c'est la cérémonie de la circoncision des enfants, et alors on fait la *fantasia*, on fait parler la poudre, alors surtout on mange. Le Saharien, sobre d'ordinaire et se contentant de presque rien pour nourriture, se rattrape ces jours-là; quand il mange gratis, sa sobriété fait place à une voracité merveilleuse que nous avons peine à concevoir; en un jour il absorbe en viande et couscoussou ce qu'à ses frais il ne consommerait pas en un mois.

Au point de vue du climat et des maladies qui sévissent sur les habitants, les oasis sahariennes sont dans des conditions assez diverses. Dans celles où l'eau n'abonde pas et où surtout elle trouve un écoulement suffisant, le climat est très sain, par exemple, à El-Goléa, dans le Souf, à Radamès, chez les Touareg. Mais dans d'autres, comme celles de l'Oued-R'ir, de Ouargla, du Gourara, du Touat, les eaux, après avoir irrigué les jardins, emplissent le fossé qui entoure le ksar et cessent d'avoir un écoulement, ou encore forment des mares croupissantes, qu'on appelle mer ou *bahar*[1]. De ces eaux stagnantes, qui reçoivent par surcroît des immondices de toutes sortes, s'exhalent des miasmes délétères qui produisent une fièvre bilieuse extrêmement redoutable; elle sévit surtout pendant l'été, et plus particulièrement dans les mois de mai et d'octobre. Les Européens et les Arabes ou Berbères de race blanche qui demeureraient alors dans les oasis, seraient frappés, et beaucoup mor-

1. Au pluriel : *Behour*.

tellement ; aussi s'enfuient-ils dans les régions sèches du Désert, loin de l'eau empestée et de son influence terrible. Mais ces hommes de race blanche ne sont qu'en petit nombre dans les oasis ; la plupart des habitants sont de race noire, en partie venus du Soudan, en partie peut-être aborigènes et d'une race noire particulière que des géographes appellent garamantique ou gétulienne ; un grand nombre aussi sont des métis d'Arabes ou Berbères et de nègres. Tous, d'une couleur noire plus ou moins foncée, sont bien moins exposés à la fièvre paludéenne, soit par suite de leur origine, soit par suite d'une longue accoutumance que l'hérédité a transmise de génération en génération et fixée. Dans toutes les oasis indistinctement, dans celles où la fièvre sévit ou dans celles où elle est inconnue, les maux d'yeux sont très communs et on rencontre de nombreux aveugles. Ces infirmités sont évidemment produites par l'ardente réverbération des étés, par le brusque passage des intérieurs obscurs à l'aveuglante clarté du dehors et aussi par le sable impalpable qui flotte souvent dans l'atmosphère. La saleté, une saleté repoussante et inimaginable, aggrave ces affections et cause en outre aux sédentaires de fréquentes et affreuses maladies de peau.

Entre les sédentaires et les nomades sahariens, il y a des différences essentielles. Ceux-ci d'abord sont de race plus pure, Arabes et Berbères ayant moins de sang nègre dans les veines. Ils vivent le plus souvent sous la tente en poil de chameau ou en cuir et changent de campements de saison en saison, à la suite de leurs troupeaux de moutons ou de chameaux. Ils ne viennent près des oasis que de temps à autre, pour acheter le peu de choses qui leur sont nécessaires ou pour surveiller la récolte de leurs dattes ; leurs tribus sont en effet propriétaires de mainte oasis, où les sédentaires ne sont que leurs fermiers et leurs vassaux. La récolte finie, ils reprennent le chemin du Désert. Cette vie nomade a développé chez eux des qualités physiques et morales éminentes. Ils sont généralement grands, bien faits, robustes ; des traits énergiques, un teint hâlé par le grand air et le soleil, dénotent en eux le chasseur et le guerrier ; la maladie les touche rarement, soit que les plus débiles disparaissent dès l'enfance au milieu de cette vie rude et qu'il s'opère

CAMPEMENT DE NOMADES

ainsi une sélection naturelle, soit que leur existence même les préserve des maux qui frappent les sédentaires : ceux qui ne meurent point d'un coup de sabre ou d'une balle parviennent ordinairement à une extrême vieillesse, gardant toutes leurs facultés physiques et toute la lucidité de leur intelligence. Ils aiment le mouvement, les aventures, le bruit de la poudre, les beaux chevaux, les lévriers rapides, le luxe et l'éclat ; pas de comparaison possible entre eux et les pauvres nomades. L'historien des Berbères, Ibm-Khaldoun, qui vivait au XIIIe siècle, en a tracé un brillant portrait.

Les nomades sont hospitaliers, amis de la poésie, magnifiques, et ils aiment passionnément ce Désert, où ils vivent indépendants sous la voûte des cieux. Leurs sens acquièrent dans cette vie libre une perfection et une endurance étonnantes; des jours entiers ils vont sur leurs méhara rapides et supportent mieux que nulle race au monde et la faim et la soif et l'épouvantable chaleur. Marcheurs infatigables, ils font les longues courses plus vite que les plus rapides chevaux et servent de courriers (*reggab*); chasseurs intrépides, ils poursuivent les autruches et les gazelles dans les plaines immenses, les mouflons au milieu des rochers. Leur habitude de parcourir le Désert les a familiarisés avec les moindres détails de ces régions; ils en connaissent les routes, les points d'eau cachés, les mille accidents que l'œil des autres voyageurs ne distinguerait pas. Leur vue perce à des distances prodigieuses; leur ouïe perçoit les bruits les plus faibles; ils sentent la fumée d'un bivouac ou d'un homme qui fume à plusieurs kilomètres; à l'inspection du sol et des herbes, ils devinent la présence et la direction de l'eau; en examinant les faibles traces laissées sur le sable, ils reconnaissent si la caravane qui vient de passer est composée d'ennemis ou d'amis, de gens paisibles ou de pillards, hommes vraiment merveilleux par la valeur individuelle.

Les nomades sahariens sont d'humeur essentiellement belliqueuse : leurs tribus sont fréquemment en lutte pour la possession d'un pâturage, pour l'occupation temporaire d'un puits. Souvent elles s'enlèvent mutuellement leurs troupeaux, et, comme une insulte ne reste parmi eux jamais impunie, il en résulte des querelles sans cesse renaissantes et des expéditions aventureuses, appelées *razzia*. Quand une tribu a décidé d'opérer une razzia sur ses ennemis, elle réunit ses plus braves combattants, quelques centaines de méhara et même un petit nombre de chevaux; on emporte des provisions et de l'eau pour tout le temps que l'expédition est présumée devoir durer, et l'on part sans bruit. On voyage la nuit le plus souvent, arrêtant les gens que l'on rencontre et qui pourraient donner l'éveil; puis, un beau jour, on tombe à l'improviste sur les tentes de l'ennemi, on tue les hommes qui résistent, on emmène en captivité les femmes et les enfants, et on enlève les troupeaux, parfois des milliers de moutons et de chameaux ; mais souvent au retour, on est attaqué par la tribu dont on avait razzié une fraction, et il faut alors abandonner le butin ou fuir en toute hâte devant l'ardente poursuite, ou défendre les armes à la main la possession de ce que l'on a conquis. Si même l'on échappe à ce retour offensif immédiat, on est sûr d'avoir quelques mois après à combattre la tribu razziée; jamais elle n'oubliera l'insulte, qu'elle n'en ait tiré une vengeance éclatante. Outre ces razzias entre tribus, qui constituent un état de guerre déclaré et permanent, un grand nombre d'aventuriers nomades, isolés ou par petits groupes, attaquent les caravanes qui ne semblent pas devoir présenter une grande résistance. Ces coupeurs de routes sont relativement nombreux, et l'on peut dire avec vérité, comme les Arabes, que si le Sahara est le pays de la soif, il est aussi celui de la poudre, *Bled el Baroud.*

On conçoit facilement par ce qui vient d'être dit qu'un voyage à travers le Sahara est toujours dangereux; il faut y joindre pour les Européens les périls que leur fait courir le fanatisme farouche des indigènes affiliés à des ordres religieux divers et tous ennemis du chrétien. Presque tous reçoivent leur mot d'ordre de l'ordre puissant des Senoussi, dont le centre est à Djerboub, dans une oasis voisine de celle où jadis le grand Jupiter Ammon rendait des oracles. De ces lieux, où règnent depuis des siècles la crédulité et l'intolérance, est parti le signal qui a amené le massacre de la mission Flatters et celui des infortunés Palat et Douls. Aujourd'hui, l'Européen qui s'aventurerait dans le Grand Désert, courrait à une mort certaine, et nul ne pourrait refaire les grands voyages de Caillié, de Barth ou de Lenz. Seule une troupe compacte, aguerrie et bien armée pourrait traverser le Sahara, imposant le respect par la seule apparence de sa force.

Pour le musulman même, et en admettant qu'il ne rencontre aucune tribu ennemie, aucun coupeur de route sur son chemin, un voyage au Sahara présente de grandes difficultés et de véritables souffrances. Outre qu'il serait exposé à la morsure quelquefois mortelle des vipères, scorpions et araignées venimeuses, il lui faudrait encore voir ses forces physiques, sa volonté morale et son intelligence le trahir. Des phénomènes bizarres viennent troubler ses sens et son esprit. Parfois il aperçoit devant lui une nappe immense d'eau bleue, bordée d'une verdure éclatante, avec de blanches maisons; il hâte le pas vers ce paradis et son chameau lui-même partage son ardeur; mais à mesure qu'il avance, le paradis recule et bientôt s'évanouit dans les airs. C'est le curieux phénomène du *mirage*, qui se produit surtout dans les bas-fonds et qui trompe également les hommes et les animaux. A la place de l'eau et de la verdure, il n'y a que le plateau ou la dune arides, le désert sans bornes. Souvent, à la suite de longues fatigues, à la suite de jours et de nuits sans sommeil, se produit chez le voyageur une affection singulière que les Arabes appellent le *ragle;* tous les sens à la fois, la vue, l'ouïe, l'odorat, le toucher même sont troublés. Le voyageur ne voit plus la route qu'il doit suivre, ni le sol où il marche, ou bien l'horizon lui paraît fermé par une muraille; les pierres deviennent des rochers ou des édifices; les traces des animaux, les ornières prennent l'apparence d'une terre labourée ou d'une prairie; les ombres, pendant les nuits qu'éclaire la lune, présentent l'aspect d'êtres animés; on voit passer devant soi de longues files de chameaux, de voitures, des troupes nombreuses, des bataillons dont on distingue les uniformes. L'ouïe est trompée par des aberrations semblables; le frôlement des herbes sèches du Désert, le choc d'un caillou, le bruit du vent deviennent des chants mélodieux, des cris de détresse, le grondement de la foudre, le roulement du tambour, des coups de fusil. On croit que des gens tournent autour de vous, qui vous appellent par votre nom. L'homme qui est en proie au ragle étend les bras en avant comme pour écarter un obstacle qui n'existe pas, écarquille les yeux, chancelle sur sa monture, tire sur sa bride sans motif apparent, ou, s'il est à pied, marche comme s'il allait tomber, puis se relève brusquement, semblable à un homme dont la tête se balance pendant le sommeil et qui se réveille tout à coup. C'est qu'en effet, cette ivresse particulière des sens, qui laisse toutefois l'intelligence assez maîtresse d'elle-même, est une sorte de demi-sommeil, causé par la fatigue, et l'affection cesse toujours lorsqu'on peut prendre un peu de repos.

Pour résister aux dangers terribles qui les menacent, les hommes qui ont à parcourir le Sahara sur une étendue un peu longue s'associent et se groupent en grand nombre et forment des caravanes. Il y en a qui ne comptent pas moins de 5,000 à 10,000 chameaux et d'un millier de personnes; c'est souvent une véritable cité ambulante. Les gens des districts, qui veulent en faire partie, se réunissent en un point central indiqué d'avance, au jour qui a été fixé. Quand à peu près tous ceux qui doivent partir sont réunis, on choisit un guide ou, comme on dit, un *khrebir*. C'est ordinairement un homme qui a une longue pratique des voyages, qui est connu pour l'honorabilité de sa vie, pour la noblesse de son caractère et pour sa science. Ce n'est pas en effet une chose qui soit à la portée de tous, une fonction modeste et facile que celle du khrebir, qui doit conduire à bon port, à travers le Désert, la grande agglomération humaine. Il doit connaître les étoiles pour pouvoir retrouver facilement la bonne direction; il doit connaître les puits, leur état d'abondance ou de sécheresse, leur distance de l'un à l'autre, pour que la caravane ne soit pas exposée à périr de soif. Les moindres accidents méconnaissables à d'autres, une petite dune, une touffe d'herbe doivent lui suffire à reconnaître la route. Il lui faut être en bonnes relations avec les tribus sur le territoire desquelles on passera, et pour cela, comme il est permis au musulman d'être polygame, il a souvent trois ou quatre ménages en diverses parties du Désert, de sorte qu'il est un peu partout chez lui et en pays de connaissance. Il lui faut aussi connaître les maladies et leurs remèdes pour traiter ceux qui tomberont malades ou blessés; il lui faut enfin les qualités d'un général pour dépister les ennemis et échapper aux pillards; en un mot, le khrebir doit avoir un corps sain, toujours alerte, toujours prêt à l'action, une intelligence toujours en éveil, toujours énergique et prudente, un caractère à la fois conciliant et ferme pour assurer la concorde et l'obéissance de tous. C'est cette fonction, si difficile à remplir et si honorable, que remplissait Mahomet avant de devenir le prophète de son peuple.

Aussitôt que le khrebir a été élu, le plus souvent parmi les habitants d'un district en relations avec le Soudan ou dans le sein de quelques tribus maraboutiques, les marchands de la caravane lui délivrent le prix qui a été convenu et dont une part est payée par chacun au prorata de la valeur des marchandises que ses chameaux ont à transporter; à l'arrivée, si le voyage a été heureux, on lui fera des présents et son nom deviendra célèbre et chanté par les poètes. On lui adjoint un *muezzin* ou *imam* pour dire la prière, un *khodja* pour lui servir de secrétaire et pour recueillir le testament ou la succession des mourants, des *chaouchs* pour exécuter ses ordres. Puis les marchands s'organisent par groupes de cent à cinq cents chameaux, suivant l'importance de la caravane et les dangers ou les difficultés de la route qu'on doit suivre. Chaque groupe demeure, jusqu'à l'arrivée à destination, tel qu'il a été constitué au départ et nomme un chef appelé grand ou *kebir;* l'assemblée des *kebar* (pluriel de *kebir*) constitue un conseil ou *djemaa*, qui juge souverainement des contestations ou délits et fait exécuter de suite ses sentences; c'est le plus souvent la bastonnade ou l'amende.

Le guide indique avant le départ l'itinéraire qu'il compte suivre, et qui est presque toujours accepté sans débat; il fixe la quantité de vivres et d'eau que chacun doit emporter, le poids dont on peut charger les chameaux; les moins forts portent 150 à 200 kilogrammes; les bons 250 à 300; quelques-uns, exceptionnellement vigoureux, peuvent être chargés de 400 kilogrammes. L'ordre de marche est fixé d'une manière invariable; en tête ira le guide, un drapeau à la main, montrant la route, donnant le signal de la halte comme du départ; dans les pays où l'on a à redouter des surprises, on s'éclaire au moyen de cavaliers à méhari, en vedettes à de grandes distances. Derrière le guide marche le premier groupe, puis, après un intervalle d'une centaine de mètres, le second, et ainsi de suite. Les intervalles entre les groupes doivent être maintenus pendant la marche, et, la nuit même, les campements sont très rapprochés, mais néanmoins distincts.

Chaque matin le guide, le plus souvent avant l'aurore, donne l'ordre de charger les chameaux, et dans tous les groupes à la fois ce travail s'accomplit au milieu du beuglement des milliers d'animaux; on prend le repas du matin, un peu de dattes, de farine et une goutte d'eau; puis le guide donne le signal de la marche en avant, et la longue masse s'ébranle. On va souvent la journée entière et on ne fait halte qu'à trois ou quatre heures du soir; la marche n'est guère que de 3 kilomètres ou 3 kilomètres et demi dans les endroits où le fourrage abonde et où les chameaux pâturent tout en cheminant; on va plus vite, à raison de 5 ou

6 kilomètres à l'heure, dans les terrains sans eau et qu'on a hâte d'avoir traversés. Un peu avant que le soleil se couche, sur un signal du guide, la caravane s'arrête, près d'un puits, s'il y en a un dans la région, ou auprès de pâturages. On décharge les chameaux, on les abreuve s'il y a lieu, puis on les entrave pour qu'ils n'aillent point paître à trop grande distance, et, après le repas on s'endort, ou on cause; on se rend visite d'un groupe à l'autre, on fait de la musique, on danse, on écoute les improvisateurs, les conteurs, les poètes, si l'on est en lieu sûr; si l'on est en pays troublé, on se garde avec soin, on place des sentinelles et on veille à tour de rôle. Si dans la route un des chameaux tombe blessé ou malade grièvement, on le tue, on le mange et on répartit sa charge entre les autres chameaux du même groupe. Aux endroits où le fourrage et l'eau abondent, tous les huit ou dix jours, on reste un jour entier campé près du puits, on fait séjour; on abreuve tous les chameaux, ce qui demande de longues heures, et bêtes et hommes se reposent un peu de leurs fatigues, pour repartir bientôt. La première étape à partir du point de ralliement est toujours très courte, de 10 à 15 kilomètres seulement, même quelquefois moins; c'est l'étape d'essai. On reconnaît si les charges sont bien réparties et bien arrimées, si l'ordre de la caravane est bien ce qu'il doit être et on remédie aux défectuosités qu'on remarque. Le lendemain, on fait une étape plus longue de 30 à 50 kilomètres, et ainsi de suite pendant des jours, souvent pendant des mois. La caravane qui va annuellement du Touat et du Tidikelt à Timbouctou, de son point de ralliement dans le district d'Acabli emploie trente-cinq jours pour ce voyage, avec une direction presque constante Nord-Sud. Celle qui part de Tendouf, au sud du Maroc, vers la même ville du Niger, ne met pas moins de deux mois.

Les caravanes, pour traverser le Désert, sont obligées de suivre des

CARAVANES

lignes où l'on trouve de l'eau, de passer par des puits; on ne sait s'ils datent d'une époque où le Sahara était plus habité que de nos jours ou s'ils ont été creusés plus récemment afin de permettre les voyages au Désert dans diverses directions; cette dernière hypothèse est de beaucoup la plus vraisemblable. Les puits ont généralement une profondeur de 4 à 28 mètres et sont garnis intérieurement d'un grossier coffrage en branches d'arbrisseaux; les uns ont une margelle, mais d'autres en sont dépourvus; les uns et les autres ne peuvent être aperçus que de très près. Par suite, si on n'en connaît pas la place avec une absolue précision, on peut errer longtemps à leur recherche. Cette recherche est plus pénible encore, lorsqu'il n'y a pas de margelle qui marque un peu l'orifice; de plus, le sable, poussé par les vents, comble assez fréquemment les puits de cette dernière catégorie, ou bien les animaux viennent y tomber et leurs cadavres empoisonnent les eaux. En général, l'eau des puits est saumâtre, chargée de magnésie, et a un effet purgatif désastreux. Quant elle a été conservée et ballottée plusieurs jours, elle répand, lorsqu'on débouche les outres goudronnées dans lesquelles on la transporte, une odeur telle que les hommes et les chameaux les plus assoiffés reculent instinctivement; aussi les indigènes ont-ils un proverbe qui dit « que boire à la bouche des outres, c'est boire peut-être la mort » et, avant de se servir de l'eau ils tiennent l'outre ouverte quelque temps et à l'air, pour laisser s'évaporer une partie des odeurs horribles qui s'en exhalent. Parfois les coupeurs de route ou les rezzou, afin d'avoir plus facilement raison de leurs ennemis ou pour échapper à leur ardente poursuite, comblent les puits ou les empoisonnent en y jetant des cadavres d'animaux.

Les caravanes ne peuvent, au Désert, s'aventurer dans les régions de dunes ou de plateaux mal connues et entièrement arides et stériles; il leur faut suivre des directions invariables, jalonnées par des puits et qui forment comme de véritables routes. La succession des chameaux en longue file y a parfois tracé des pistes, appelées *medjebed;* sur une direction entre El-Goléa et In-Salah, des hommes inconnus, que la tradition personnifie dans le magicien Ben-Baroud, ont écarté à droite et à gauche les pierres qui encombraient la route et déblayé celle-ci; elle passe, pour ainsi dire, entre deux bordures de cailloux. Mais ces cas sont assez rares; le plus souvent, le pied mou des chameaux n'a pas laissé de traces sur la roche dure; et là où il y a du sable le vent les a recouvertes et effacées; rien ne marque la route où il convient d'aller, et il faut aux guides une connaissance parfaite de la direction et des puits. Les principales routes fréquentées par les caravanes sont : 1° celle de Laghouat, au M'zab, El-Goléa, le Touat qui se continue sur Timbouctou par Taodenni et parcourt le Sahara occidental; 2° celle de Ouargla au Soudan par Amguid, la Sebka d'Amadghor et le massif du Hoggar, qui traverse le Sahara central; 3° celle de Biskra au Soudan par le Souf, Radamès et Rhat; 4° celle de Tripoli au lac Tchad, par Mourzouk, et qui est la plus fréquentée des lignes du Sahara oriental; 5° celle de Figuig à Radamès, qui coupe les précédentes et que prennent surtout les pèlerins se rendant à la Mecque. En suivant ces diverses routes, nous étudierons à peu près toutes les régions désertiques.

CHAPITRE IV

DE LAGHOUAT A EL-GOLÉA

Une des grandes voies de commerce, celle qui mène de notre ville d'Alger jusqu'au seuil du Grand Désert, passe par Laghouat, le pays du Mzab et aboutit au point extrême où flotte actuellement notre drapeau, à El-Goléa. Par malheur, dans cette direction le chemin de fer n'a pas encore dépassé les terres fertiles du Tell, et c'est avec des voitures ou des bêtes de somme que se font les transports à travers toute la zone des Hauts-Plateaux; quand on a parcouru celle-ci, qu'on a franchi à 440 kilomètres d'Alger les dernières rides du massif montagneux du Djebel-Amour, on débouche dans le Désert et on voit s'étendre devant soi la vaste plaine de Laghouat, que prolongent d'autres plaines dans l'horizon sans fin. Deux monticules, séparés par une forêt sombre de 30,000 palmiers, sont couverts de maisons défendues par une ceinture de murs et de tours; c'est la ville, notablement transformée depuis notre occupation. Une belle place rectangulaire, des rues droites bordées de maisons européennes, des monuments militaires ont remplacé la moitié des masures indigènes; le quartier sud-ouest seulement, avec ses ruelles tortueuses à demi voûtées, ses maisonnettes blanches et sans ouvertures, aux portes mystérieuses, conserve le souvenir de l'ancienne ville. Vaste place de guerre, avec une ceinture de murailles crénelées et deux forts sur les hauteurs, pourvue d'une garnison nombreuse, habitée par près de 5,000 individus dont 300 israélites et plus de 200 français civils, Laghouat est la base principale des entreprises que l'on pourra tenter dans le Sud, le poste de liaison entre le Sud Oranais et le sud de Constantine, le point de divergence des routes qui conduisent vers l'Ouest chez les Ouled-Sidi-Cheik, vers le Sud, au M'zab et à Ouargla, dans les Ziban et Biskra. C'est enfin un important point de départ et de ravitaillement pour les caravanes qui vont au Désert.

En sortant de Laghouat, on entre dans une longue plaine d'un sol dur, caillouteux, mouvementé; une maigre végétation de plantes ligneuses, d'armoises, d'arbrisseaux épineux, parfois même un peu d'alfa la recouvre. Çà et là, dans des sortes de cuvettes limoneuses, les eaux de pluie séjournent quelque temps et donnent naissance à une belle végétation de gazon vert, de buissons de jujubiers sauvages, que dominent des arbres au tronc noueux et à la belle ramure, les betoum ou térébinthes. De petites hordes de gazelles, quelques oiseaux gracieux trouvent là un abri; les nomades viennent de temps en temps y faire paître leurs troupeaux et y chercher un abri contre l'ardeur du soleil. La plaine, où sont éparses ces cavités, les unes ayant une centaine de mètres et les autres plusieurs kilomètres de tour, est appelée la *région des dayas*, et l'hiver elle ressemble assez aux grandes surfaces plates de la Beauce. Deux vastes citernes y ont été construites par l'administration française, pour conserver les eaux de pluie, l'une après le premier jour de marche, dans le lit de l'Oued-Nili, l'autre à la seconde étape, près de la daya de Tilremt.

QUARTIER DES OULED-NAYL A L'AGHOUAT

Le troisième jour après être parti de Laghouat, on franchit un relief du terrain, le Ras-Chaab, et on entre dans une région toute différente, dans la *Chebka* du M'zab. C'est un vaste plateau rocheux, ou *hammada,* qui s'abaisse du Nord-Ouest, où il a 700 à 800 mètres d'altitude, vers le Sud-Est où il n'a plus qu'une élévation moyenne de 300 mètres.

PLATEAU DE LA CHEBKA (MZAB)

De nombreux ravins le découpent et forment un infini réseau de rocs et de creux pierreux, que les Arabes comparent aux mailles d'un filet, ou, comme ils disent, à une chebka. On croirait avoir sous les yeux une mer faiblement agitée et solidifiée tout d'un coup. Cette région est absolument stérile et les chameaux n'y trouvent même pas les maigres plantes desséchées dont ailleurs ils se nourrissent; c'est le Désert dans toute son horreur, sans une plante, sans un oiseau, sans un insecte, le Désert tellement uniforme qu'on ne saurait s'y orienter sans un guide plein d'expérience. Le sol est parsemé de cailloux siliceux, brisés, à angles aigus, qui blessent le pied des chameaux et rendent la marche extrêmement pénible. Lorsque par hasard, une année sur trois ou quatre en moyenne, il y a des pluies abondantes, les eaux coulent quelques heures au fond des ravins, et quelques buissons et une végétation éphémère remplissent le lit des oueds et leur donnent une physionomie moins désolée que celle du reste du pays.

Quand on a marché pendant une très longue journée dans ce pays étrange, on voit se dresser, à 141 kilomètres au sud de Laghouat, la ville mzabite de Berrian. Son aspect est des plus pittoresques; bâtie en amphithéâtre sur un mamelon, elle est couronnée par un minaret très haut et très élancé, au pied duquel s'étagent 400 blanches maisonnettes, aux toits aplatis; dans des ravins, au-dessous du mamelon, se développent les jardins, séparés les uns des autres par des murettes en terre proprement construites; on y trouve vingt-huit mille palmiers-dattiers, à l'ombre desquels croissent des figuiers, grenadiers, abricotiers, entourés de vignes luxuriantes qui s'enlacent à leurs troncs comme des lianes; au-dessous même de ces arbres, le terrain n'est pas perdu et donne des carottes, des pastèques, des oignons, des navets, distribués en carrés réguliers. Partout dans ces jardins l'eau court en des *séguias* ou petits fossés entretenus avec soin. C'est vraiment une merveille que la création de cette belle oasis dans une contrée si aride et si désolée; elle est due à l'installation de barrages, établis sur tous les ravins pour retenir l'eau des pluies, et au creusement de nombreux puits artésiens, d'où l'on retire le liquide qui a pénétré dans le sol par infiltration. C'est un travail considérable que celui de l'amener à la surface pour le déverser dans les jardins et toute la population de Berrian, qui monte à 4,500 habitants, y est employée la plus grande partie de la journée. Dès le matin on entend grincer les cordes des poulies et on voit les animaux, les esclaves, les femmes, les enfants, les hommes même, occupés à ce rude labeur.

Une grande journée de marche de 44 kilomètres environ à travers la

Chebka, conduit de Berrian au cœur même de la confédération du M'zab, au cirque où s'élèvent les cinq villes de la Chebka. « Quand on a pénétré dans le massif rocheux, aride et désolé du M'zab, dit un voyageur, sorte de labyrinthe de pierre sans végétation et sans eau, il est impossible de rester indifférent à la vue des villes pittoresques qui apparaissent tout à coup au détour d'un ravin, audacieusement perchées sur le sommet de quelque pic ou étagées le long des pentes jusqu'au fond de l'Oued-M'zab ou des vallons rocheux qui l'avoisinent. » C'est d'abord Ghardaïa, la capitale de la Chebka, avec ses 1,800 maisons couvrant un espace de un kilomètre carré et étagées de la base au sommet d'un gros mamelon, couronné par un haut minaret à forme d'obélisque; des rues étroites et assez propres escaladent le monticule, bordées des deux côtés de maisons blanches, sans fenêtres, mystérieuses et presque toujours fermées. La ville, enveloppée d'une enceinte en mauvais état, flanquée de tours et percée de six portes, se divise en trois parties distinctes : au centre, habitent les M'zabites ; au sud-ouest, les Arabes Medabiah, appelés jadis par un des *sof* ou partis qui divisaient la ville, et qui ont su prendre quelquefois une réelle autorité sur Ghardaia; à l'est, est confiné le quartier des Juifs, véritable ghetto sordide et nauséabond, où grouille une population laborieuse et active, mais méprisée et ayant par suite des mœurs serviles. Le marché, situé dans une plaine, près la porte du sud, est un des plus importants du Sahara; on y vend de tout, depuis les noyaux de dattes concassés pour la nourriture des chameaux jusqu'aux conserves des fabriques européennes, aux bougies, au sucre, et naguère, avant notre occupation, toutes sortes d'armes et de poudre. Si l'on sort de la ville par cette porte du sud, on a devant soi le Fort, élevé sur un mamelon, avec un puits, des casernes, une maison de commandement et dont le canon surveille tout le cirque de l'Oued-M'zab; sur la gauche, on voit dans tous leurs détails, vers le sud-est, Mellika, construite sur le sommet d'un mamelon rocheux, jadis ville sainte dont la mosquée conservait dans ses caves le trésor de la confédération, et plus au sud Beni-Isguen, une autre cité sainte. Celle-ci est de toutes les localités du M'zab, la mieux construite, la plus propre, la plus riche et celle où les mœurs sont le plus sévères; les étrangers n'ont pas le droit d'y passer la nuit. Beni-Isguen, c'est Alger, dit un proverbe du pays, et en effet ses 1,000 maisons, admirablement entretenues et blanchies à la chaux, rappellent le gracieux profil de la ville arabe du littoral. Les habitants, industrieux et actifs, ont su tirer un merveilleux parti du peu d'eau qui tombe sur leurs rochers; ils ont été souvent en lutte contre les gens de Ghardaia, et malgré leur infériorité numérique, ont eu quelquefois le dessus. Naguère encore, dans un but de défense contre leurs voisins et contre les Arabes, ils ont remplacé leur vieille enceinte de briques sèches par une autre en maçonnerie et construite selon les règles de l'art par un de leurs compatriotes, qui avait été entrepreneur des travaux du génie à Blida. A 2 kilomètres environ à l'est de Beni-Isguen, on voit se dessiner fièrement, sur un rocher à pic au-dessus de la rivière, la ville de Bou-Noura; on dirait une cité du moyen âge dont les remparts seraient entourés de palmiers; mais à l'intérieur tout est en ruines, triste effet de longues guerres intestines, et la population ne dépasse pas 1,200 habitants. Enfin, un peu plus à l'est encore, au milieu d'un paysage désolé, près d'un oued pierreux avec des puits morts et des palmiers sans force, apparaît El-Ateuf, la plus orientale des villes de la confédération. « Elle semble presque noire, dit M. Masqueray, étagée sur un mamelon avec deux minarets, carrés à la base, pointus au sommet. Cela signifie deux villes dans une, mille disputes anciennes, des batailles et des vendettas... c'est là un triste séjour. Les clercs y sont ignorants et revêches, très pauvres d'ailleurs; les laïques sont occupés presque uniquement du commerce extérieur et nourrissent une haine ardente contre Ghardaia. Suivant eux, Ghardaia, plus récente que El-Ateuf, n'avait pas le droit de s'établir au-dessus d'elle et de capter à son profit toutes les eaux de l'oued. »

Maintenant que nous avons vu dans ses traits essentiels la région des

GHARDAIA

cinq villes, ce cirque de rochers calcaires de 18 kilomètres de long sur 2 de large, nous pouvons comprendre de quelle admiration est saisi le voyageur qui vient du Désert. Ce pays, qui par sa nature ne pourrait nourrir un troupeau de gazelles, est devenu par un travail prodigieux et séculaire le séjour de 30,000 personnes, une suite de jardins de 180,000 palmiers. Les M'zabites l'appellent avec un légitime orgueil, la *rabah,* la forêt. Pour arriver à la créer sur ce plateau aride, rocailleux, brûlé par le soleil et le vent, il leur a fallu creuser à travers la roche, à des profondeurs de 25 à 80 mètres, plus de 3,000 puits dont 512 sont morts, c'est-à-dire à moitié comblés. Il leur a fallu retenir l'eau des pluies dans les oueds au moyen d'une douzaine de grands barrages et d'un nombre infini de petits. Tel a été leur soin de ménager le peu d'humidité que reçoit leur pays, que les pentes abruptes des rochers absolument stériles sont par actes authentiques constituées propriétés individuelles de tels ou tels, et les propriétaires ont le droit de recueillir et de diriger vers leurs jardins les eaux qui pourraient par hasard y tomber.

C'est une curieuse histoire que celle de ce groupe d'hommes qui a choisi une telle patrie, et qui diffère profondément des autres populations sahariennes. De race berbère, probablement d'origine zénatienne, les M'zabites sont des exilés de diverses parties de l'Algérie au xe siècle ; ils étaient parmi ceux qui avaient adopté les doctrines kharedjites, c'est-à-dire qu'ils n'admettaient d'autre autorité que celle du Coran et attribuaient le choix de l'imam ou grand prêtre au suffrage universel. Vaincus après de longues et sanglantes guerres par les musulmans orthodoxes, ils durent accepter la doctrine de ces derniers ou bien s'enfuir au loin. C'est ce dernier parti que prirent les plus zélés, et ils allèrent fonder, dans la région de Ouargla, des oasis et des villes comme Cedrata, Djebel-Abad, Krima, dont on trouve les ruines ensevelies sous le sable, dans la vallée de l'Oued-Mya. Leur prospérité et leur puissance inquiétèrent bientôt les gens de Ouargla qui leur firent une guerre acharnée; les exilés durent quitter encore leurs établissements, et vinrent se fixer dans la région déserte et désolée, qu'eux et leurs descendants ont rendue prospère.

La nature n'avait rien fait pour le M'zab ; point de terres cultivables ; point de pâturages pour les moutons et les chameaux; aussi, même de nos jours, n'y a-t-il que vingt-cinq chevaux, six cent soixante-quinze chameaux, mille deux cent soixante-cinq moutons, deux mille huit cent quarante chèvres. Les M'zabites, en recueillant ou en faisant jaillir l'eau, ont créé de toutes pièces leur belle oasis, où le terrain a acquis une valeur de 7 à 30 francs pour le mètre carré de sol à bâtir, de 50 centimes à 10 francs pour le mètre de terrain de culture non planté. On estime la valeur des dattes produites annuellement à plus de 1,200,000 francs.

GUERRARA

A cette production, qui leur permettait de vivre et de faire des échanges avec les tribus sahariennes, les industrieux M'zabites ajoutèrent le tissage; leurs femmes et leurs filles tissent des laines importées du dehors en burnous et haïks, et de ce chef, il leur revient encore un bénéfice annuel d'environ 700,000 francs. Enfin, comme malgré tous ces efforts, ils ne pouvaient encore trouver de quoi vivre tous dans leur maigre pays, la population mâle a pris l'habitude d'aller chercher au loin par le travail ce que leur refuse leur ingrate patrie. On les trouve en grand nombre dans les villes du Tell, de l'Algérie et de la Tunisie, épiciers, bouchers, marchands de légumes, intelligents, actifs, probes et réalisant parfois de grandes fortunes avant de rentrer chez eux. Cette habitude a déveloloppé et rendu héréditaire chez eux l'esprit de commerce ; même ceux demeurés dans la Chebka s'y adonnent et leurs villes sont devenues les grands marchés du Sud, les entrepôts des produits du Sahara et du Soudan, aussi bien que de ceux de l'Europe. Naguère leurs caravanes allaient fréquemment au Touat et même à Timbouctou, et sur leurs marchés, on voyait à la fois des esclaves amenés du Bornou et de la poudre fabriquée à Ghardaia, nos armes de précision, nos bougies, notre sucre à côté des tissus anglais ou de fabrication indigène. Ce mouvement d'affaires a produit la richesse ; il y a des M'zabites millionnaires et l'un d'eux, lorsque fut ouverte la route de Laghouat à Ghardaia, fit venir d'Alger un carrosse pour son usage. Le numéraire abonde, et, en 1883 on a pu, en vingt-quatre heures, trouver à Ghardaia les 60,000 francs d'une amende que nous avions infligée à la ville, pour sévices exercés contre nos partisans.

Les M'zabites ne diffèrent pas moins au physique qu'au moral des autres Arabes ou Berbères d'Algérie. Des traits gros, un corps trapu, une peau très blanche en naissant, mais que le soleil assez généralement brunit, les distinguent; beaucoup ont les jambes un peu tordues, soit parce qu'ils demeurent le plus souvent assis dans leurs boutiques, soit que cette déformation, une fois établie chez les uns, se transmette aux autres par hérédité. La plupart ne portent point le burnous, mais des culottes comme celles des Maures et par-dessus une longue robe de laine sans manches, une sorte de dalmatique, de couleurs diverses où le bleu foncé domine et qui est curieusement brodée; leur tête est enveloppée d'un morceau de cotonnade que domine et fixe un turban. Ils sont généralement propres, ne boivent d'aucune boisson fermentée, ni ne fument; doux, tolérants, pacifiques, ils ne s'animent et ne se querellent qu'entre eux; dans leurs villes du M'zab, il arrive fréquemment qu'après discussion ils se frappent avec les grosses clefs en fer qui ouvrent leurs demeures et qui ne les quittent jamais; elles deviennent des armes terribles entre leurs mains. Ils aiment à faire parler la poudre, mais sans faire de fantasia comme les Arabes; à certains jours de fête, ils se réunissent en grand nombre, à pied, armés de tromblons courts et à gueule énorme, qu'ils chargent d'autant de poudre qu'ils en peuvent contenir; pendant des heures entières, ils exécutent avec ces armes d'épouvantables décharges qui ressemblent à des salves de coups de canon. Assez souvent les tromblons éclatent et leur causent de graves blessures.

A une journée de marche au sud de Ghardaia, toujours dans la plaine rocailleuse, on arrive à l'Oued-Metlili et au ksar du même nom. Entre les berges de la vallée s'allonge une forêt de trente mille palmiers, à l'ombre desquels sont les maisons en toubs et les tentes des Châmba à qui cette localité appartient; quelques Arabes nomades de diverses tribus et quelques M'zabites vivent au milieu d'eux. Du ksar qui s'élevait sur un rocher, il n'y a plus que des vestiges; nos troupes l'ont détruit et l'endroit avait été un instant abandonné par ses propriétaires Châmba. Aujourd'hui ils sont revenus, et l'oasis, arrosée par de nombreux puits d'une faible profondeur, est prospère, l'eau y est abondante et bonne, et une colonne peut y faire séjour avant de s'engager dans la région déserte qui s'étend jusqu'à El-Goléa, et qui n'est animée qu'en quelques points des vallées par les campements temporaires des Châmba.

De Metlili à El-Goléa il n'y a pas moins de 250 kilomètres; cette région extrême de notre Algérie, a été explorée par Duveyrier en 1860, par le capitaine Villot en 1863 et traversée par la colonne Gallifet en 1873 et la colonne Belin en 1881 : la mission Choisy l'étudia aussi en 1878. Maintenant que les Châmba sont soumis, et que cent de nos tirailleurs indigènes montés à méhari montent la garde à El-Goléa, le voyage est tout à fait sans dangers, mais non pas sans fatigues. Une colonne, allant par étapes d'une vingtaine de kilomètres chacune, y emploie une dizaine de jours, mais six peuvent suffire à une caravane modérément chargée. Le pays qu'on parcourt est toujours ce plateau aride de la Chebka, traversé dans le sens du Nord-Ouest au Sud-Est, par de

PLATEAU DE LA CHEBKA (M'ZAB)

nombreux ravins qui vont vers la dépression de l'Oued-Mya. Les parties du plateau comprises entre ces ravins sont unies comme des dalles et appelées par les indigènes des *gantras* ou ponts; les ravins mêmes, où sont placés les puits, gardent une certaine végétation dont les nomades nourrissent leurs maigres troupeaux : de loin en loin apparaissent des dunes isolées ou en petits groupes, qui augmentent de hauteur et d'importance à mesure qu'on avance vers le Sud. La route est partout difficile, et sur les dalles glissantes des gantras, et dans les ravins pleins de cailloux avec des berges escarpées; les dunes ou des *gour*[1], tables rocheuses visibles de loin, indiquent la direction à suivre. En un certain endroit, sur une route à l'est de celle de Metlili à El-Goléa et qui va de ce dernier

1. Pluriel de *Gara*, hauteur.

point à Ouargla, il y a une piste bien marquée au sujet de laquelle les indigènes racontent la légende suivante. Il y avait jadis un magicien, Ben-Baroud, qui connaissait une foule de sortilèges et prédisait l'avenir. Sa prescience lui fit découvrir qu'il serait tué par un chameau. Désirant conjurer son sort, il voulut faire quelque chose d'utile à la race qui lui était redoutable. Rien ne pouvait être plus agréable aux chameaux qu'une bonne piste entre Ouargla et El-Goléa, bien aplanie, débarrassée des cailloux pointus qui les estropient et causent souvent leur mort. Ben-Baroud se mit à l'œuvre ; il partit de Ouargla traînant derrière lui une roche énorme dont le frottement sur le sol devait créer une bonne piste; mais la tâche étant rude pour lui seul, il attela à la pierre un chameau : toutefois, redoutant toujours le malheur entrevu, il ne prit que des chameaux tout jeunes et il travailla ainsi longtemps. Quand il s'apercevait que l'animal grandissait et avait les dents longues, il le remplaçait par un plus jeune. Déjà il prévoyait la fin de son ouvrage et se relâchait un peu de sa prudence ; un chameau, qu'il avait gardé un peu plus longtemps qu'il n'aurait fallu, sembla un jour le menacer. Ben-Baroud s'enfuit vers une gara, mais le chameau le poursuivit et le tua. Une gara voisine d'El-Goléa rappelle ce fait et s'appelle gara Ben-Baroud.

Les points où l'on fait halte sont placés dans les nombreuses vallées qui coupent transversalement la route; dans les hivers pluvieux, elles roulent une certaine quantité d'eau, et, la végétation croissant avec vigueur, les nomades viennent s'installer avec leurs troupeaux. Jadis, si l'on en croit les indigènes, tout ce pays était riche et peuplé; aujourd'hui on trouve encore d'assez nombreux campements de Châmba dans les vallées de l'Oued-N'sa, de l'Oued-M'zab, de l'Oued-Metlili, de l'Oued-Terir et au Hassi-Zirara[1]. Les premiers puits sont au nombre de quatre,

1. *Hassi*, en arabe, veut dire puits ; le mot *Bir* a le même sens.

à quelques kilomètres de distance l'un de l'autre; l'un d'eux, le Bir-Rekaoui put fournir à la colonne Belin 35,000 litres d'eau en une journée, sans que le débit en eût sensiblement baissé. A eux quatre ils peuvent fournir à tous les besoins d'une colonne nombreuse, et quand il a plu, de grands troupeaux peuvent pâturer dans la vallée, dont l'aspect, sans être riant, repose un peu des roches calcinées qu'on a traversées dans les précédentes étapes. A 46 kilomètres plus au Sud, dans une région dépourvue d'eau, on trouve le vieux puits d'Hassi-Zirara, qui a 22 mètres de profondeur et ressemble à deux silos superposés.

La tradition des Châmba est que jadis, quand le pays était prospère et bien peuplé, les membres de la Djemaa se réunissaient dans les chambres du puits pour y délibérer à l'époque des chaleurs. Ils racontent encore qu'un jour, un pâtre, poursuivi par un rezzou de Touareg, se réfugia dans la première chambre; quand les brigands vinrent pour y puiser de l'eau avec leurs *settlas* ou seaux en cuir, il en coupa la corde. Les Touareg lui tirèrent maints coups de fusil sans l'atteindre, puis voyant leurs efforts inutiles, ils parlementèrent pour obtenir qu'il leur laissât prendre de l'eau. Il ne voulut rien entendre, et inattaquable comme il était dans sa cachette, il les força à se retirer; ils s'en allèrent et plusieurs d'entre eux moururent de soif dans le désert qui s'étend au loin alentour.

A partir de Hassi-Zirara le pays est parsemé de fortes dunes; on s'aperçoit qu'on approche de la région sablonneuse appelée El-Areg, et, à 266 kilomètres de Ghardaia, à 454 de Laghouat, on atteint El-Goléa, l'extrême limite de nos possessions actuelles. Le ksar ou la petite forteresse[1], occupe le plateau supérieur d'une gara ou table rocheuse qui

1. *El-Goléa* veut dire la petite forteresse; c'est aussi le sens du mot arabe *Menia* et du mo berbère *Taourit*, par lesquels on la désigne quelquefois.

domine toute la région et est entouré d'une muraille en grosses pierres, encore en assez bon état. Elle est percée d'une seule porte, auprès de laquelle est un puits d'une soixantaine de mètres de profondeur; en cas de siège, il assurerait l'approvisionnement en eau de la petite place. De la porte part une rue unique et tortueuse, bordée à gauche et à droite

DUNES

de magasins en partie creusés dans l'argile; ce sont les masures où les nomades déposent leurs dattes, leurs grains, leurs provisions de tous genres, masures presque toutes ruinées et qui forment un fouillis impénétrable. Quand on a achevé l'ascension pénible de cette rue en rampe, on aboutit à un petit plateau de forme triangulaire, terminé presque de tous côtés par des escarpements abrupts et qu'entoure un mur à créneaux. C'est la kasba, avec une petite mosquée et des locaux en ruine, où l'on peut lire deux inscriptions commémoratives du passage des colonnes Gallifet et Belin; il n'y a qu'un seul homme qui ordinairement habite le ksar et garde la clef de l'unique porte; on n'y voit un peu d'animation que lorsque les nomades viennent en septembre ou octobre déposer leur récolte de dattes.

A l'ouest et au pied du ksar, au milieu des palmiers, sont éparses de petites masures, construites en toubs mal faites et grossièrement recouvertes de branches de palmier ; il y en a une cinquantaine habitées par des Rouarha, des gens émigrés du Touat, des nègres affranchis. Tous, même ceux d'origine berbère ou arabe, sont de couleur noire. Ils sont très misérables et dominés par les Arabes nomades, pour le compte de qui ils cultivent les palmiers, recevant pour prix de leur travail un cinquième de la récolte. Ils n'ont qu'un petit nombre de chèvres et quelques poules. Dans leurs masures il n'y a ni nattes ni tapis ; on les remplace par des couches de sable fin. Leur nourriture consiste en dattes, légumes, un peu d'orge et du couscoussou fait avec le loul ou graines de drin.

Au milieu des pauvres masures des noirs s'élèvent quelques belles koubbas blanchies à la chaux, bâties en l'honneur des saints de la famille des Ouled-Sidi-Cheik, les maîtres religieux du pays ; il y a aussi quelques maisons confortables en pisé, qu'habitent les nomades quand ils viennent l'été chercher le frais à El-Goléa et récolter leurs dattes. La récolte faite, ils reprennent la vie nomade au milieu des immensités désertes. A l'entour des maisons sont les jardins entourés de petits murs en terre. L'oasis, quoique s'étendant assez loin vers le Sud, n'est pas très riche ; elle ne comprend guère que dix mille palmiers, un petit nombre d'abricotiers, d'amandiers, de grenadiers, de figuiers, quelques carrés de blé, d'orge et de légumes. L'eau est abondante, d'excellente qualité, et à quelques mètres seulement de profondeur ; il y a par suite de nombreux puits à bascule, et il suffit même de creuser un peu dans le sable pour en créer un ; dans la partie sud-ouest on se contente de faire des entonnoirs comme dans le Souf et de planter au fond les jeunes palmiers. Il est vraisemblable que la dépression où se trouve l'oasis est le réceptacle de toutes les eaux souterraines amenées par les larges vallées de l'Oued-Seggeur, de l'Oued-Zergoun, de l'Oued-Mehaiguen et de l'Oued-Loua. Il en

KSAR D'EL-GOLÉA

résulte, outre des nappes d'infiltration assez voisines de la surface, une nappe profonde artésienne dont l'existence est démontrée par le fait qu'il y a aux environs, dans un rayon d'une dizaine de kilomètres au moins, sept sources jaillissantes. Jadis, si l'on en croit les indigènes, il y avait vingt-quatre feggaguir amenant dans les jardins l'eau des puits situés à la partie supérieure ; il reste encore les traces de cinq de ces canaux et un en pleine activité. Tout récemment, le forage d'un puits artésien par les Français a amené à la surface une masse d'eau considérable, qui a débordé dans la dépression et y a formé un grand marécage.

C'est à cette abondance de l'eau autant qu'à sa position géographique et à la salubrité de son climat qu'El-Goléa doit son importance. Elle est un des lieux de passage les plus fréquentés du Désert, car là séjournent les caravanes qui vont d'In-Salah et de Timmimoun au M'zab, et celles des Châmba qui se rendent au Tidikelt et au Gourara. Jadis elle était plus importante encore; on y comptait, disent les indigènes, plus de soixante-dix ksour ou villages et les sultans de la ville avaient une garde de quatre cents chevaux. Il est à espérer que l'occupation française, maintenant enfin effective, lui rendra une partie de sa prospérité passée, et qu'à l'abri de notre drapeau il viendra s'y établir une laborieuse population de gens du Touat et du Gourara, pour exploiter et étendre l'oasis.

Ce qui a contribué pour beaucoup à la ruine d'El-Goléa, c'est que ses maîtres, les Châmba-el-Mouadhi, n'y résident que peu de mois par année, séjournant de préférence en automne et en hiver dans les solitudes qui s'étendent au Sud-Ouest vers In-Salah. Cette tribu des Châmba est la première des grandes tribus nomades qu'on trouve en allant au Désert, celle avec qui nous avons les plus fréquents rapports. Elle a ses terres de parcours qui s'étendent d'In-Salah à Ouargla et de ce dernier point jusqu'à Radamès, et est divisée en trois fractions : les Châmba-bou-

Rouba ou de la région d'Ouargla, les Châmba Berezga ou de Metlili, et les Châmba-Mouadhi ou d'El-Goléa. Les trois fractions, quoique en querelle assez souvent l'une avec l'autre, sont en général unies par une étroite amitié et se prêtent contre les ennemis étrangers un mutuel appui. Non contentes d'occuper ainsi une immense surface de terres, elles vont souvent en excursion dans les pays lointains et il n'est presque pas de région désertique où n'aient paru leurs bandes pillardes ou rezzou.

Les Châmba se vantent d'être de race arabe et ne parlent que la langue du Coran ; mais ils ont vraisemblablement beaucoup de sang berbère dans les veines, et même, quoiqu'ils tiennent à maintenir la pureté de leur race, les relations avec les négresses leur ont infusé du sang noir. Ils disent que leur tribu a été constituée d'éléments divers et organisée par Sidi-Bou-Hafs, le troisième fils du grand Sidi-Cheik, au XVIe siècle. Aussi sont-ils les serviteurs religieux des Ouled-Sidi-Cheik et chaque famille châmba envoie aux marabouts de cette tribu une offrande ou *ziara;* les plus riches donnent des chameaux ou des moutons, les pauvres des poules, du beurre, des dattes ou un peu d'orge.

Un observateur en mission à El-Goléa et qui avait dans sa suite des Châmba des trois fractions de la tribu, vivant et campant à côté, mais séparément, a remarqué des différences physiques et morales assez sensibles entre les trois groupes. Suivant M. Choisy, « les Châmba de Goléa ont des airs sauvages ; leur mine est sombre, morne ; leur regard fixe et égaré rappelle celui des fauves ; leurs yeux brillent sans expression, comme ceux d'une panthère en cage. Leur figure a la nuance et les reflets d'un masque de cuivre rouge que la fumée aurait terni. Un voile, semblable à celui des Touareg, mais fait de gaze blanche, cache le bas du visage... Les Châmba d'Ouargla ont des airs plus humains, un peu trop insignifiants à mon gré ; le type arabe, chez eux, me paraît moins

LES MÉHARISTES D'EL-GOLÉA

ur et l'intelligence plus obtuse... Quant aux Châmba de Metlili, ils réa-sent pour moi l'idéal de l'Arabe: grands, à figure austère et sans udesse, des hommes dont la contenance fière vous inspire un involon-aire respect. »

Vivant au milieu des espaces immenses du Sahara, le Châmba a pris habitude d'une vie sobre et dure. Nul ne sait comme lui supporter la haleur et le froid, souffrir la soif et la faim. Marcheur infatigable, il ert de courrier ou reggab, devance les meilleurs chevaux et les méhara apides et fait 200 kilomètres en vingt-quatre heures. Avec quelques ilogrammes de farine d'orge et de dattes et une petite outre pleine 'eau, il demeure quinze jours dans les régions arides pour chasser la azelle et le mouflon, au milieu des rochers et des précipices. Monté ur son méhari, il va sous le soleil et la poussière à des milliers de kilo-nètres. Dès l'enfance, il court le Désert, à la suite de ses troupeaux ou vec les caravanes ; il connaît les puits, les moindres indices du chemin t sait se diriger dans les labyrinthes de roches ou de dunes. Tous méri-ent l'épithète par laquelle on désigne particulièrement la fraction de 'Ouargla, l'épithète de *Hab-er-Rih*, ou les « buveurs de vent ».

Les Châmba vivent en temps normal du croît de leurs troupeaux de noutons et de chameaux et des dattes de leurs rares oasis ; leurs femmes ous la tente tissent et brodent des étoffes. Parfois aussi ils se livrent u commerce ; plus souvent ils vont, pour le compte des marchands n'zabites, au Gourara, au Tidikelt, à Radamès ou même au Soudan ; ils sont d'admirables chameliers et conducteurs de caravanes. Dans ces mmenses parcours, les Châmba se rencontrent avec les Touareg, avec nainte autre tribu pillarde ; entre ces nomades, également hardis et beso-gneux, il y a mille occasions de luttes, de razzias, et le goût des aven-tures, le courage personnel se sont singulièrement développés. Quand un Châmba vient au monde, le père fait brûler de la poudre, afin que les poumons, en commençant à fonctionner, s'emplissent de l'air qui convient aux guerriers. Dès les premières années, l'enfant est initié aux fatigues, aux dangers, aux ruses de la guerre. Aussi les Châmba sont-ils redoutés de leurs voisins. En 1835, les Oulad-Ba-Hamou d'In-Salah leur ayant enlevé des troupeaux et tué deux hommes, ils razzièrent tout le district de leurs agresseurs, enlevèrent en diverses expéditions neuf cents chameaux, plusieurs milliers de moutons, des troupeaux d'ânes et de nègres, et pendant trois années ne laissèrent pas un instant de repos aux gens du Tidikelt. En 1875, des Brabers leur ayant enlevé des troupeaux, ils partirent au nombre de deux cents cavaliers à méhari et quelques chevaux, et, à plus de 1,000 kilomètres de là, sur les bords de l'Oued-Saoura, au Maroc, allèrent razzier leurs ennemis. Au mois d'août 1887, un rezzou de Touareg-Taïtok, ayant pris deux cents chameaux des Châmba, au sud-est d'El-Goléa, le caïd de cette tribu réunit à la hâte ses cavaliers, se porta vers Hassi-Inifel, où il atteignit le rezzou; dans la bataille qui se livra près du puits, les Châmba tuèrent aux Touareg vingt-cinq hommes et firent sept prisonniers; ce sont ceux qu'on a vus naguère à Alger.

Les Châmba, si audacieux, si braves, qui ne laissent jamais une offense impunie, sont au nombre de plus de dix mille et acceptent notre domination; les caïds des diverses fractions reçoivent de nous l'investiture. Les rapports que nous avons avec eux deviennent chaque jour plus fréquents et meilleurs. On avait même un instant pensé à les lancer contre les Touareg et à leur confier la vengeance du massacre de la mission Flatters. Nul doute qu'on ne puisse trouver parmi eux un élément de force pour combattre les Touareg, surtout ceux du Ahaggar qui sont leurs ennemis héréditaires ; mais outre que leur confier le soin de nous venger serait peu digne de la France, ils sont une force peu disciplinée, difficilement dirigeable. Leurs relations avec le Tidikelt et le Touat, pays qui nous sont violemment hostiles, leur fanatisme, leur habitude de recevoir le mot d'ordre des Ouled-Sidi-Cheik, leur versatilité enfin nous obligent à ne les employer qu'avec modération et prudence.

CHAPITRE V

D'EL-GOLÉA A TIMBOUCTOU

D'El-Goléa, du centre de la région parcourue par les Châmba, nous allons nous enfoncer davantage encore dans le Grand Désert et marcher vers la lointaine et importante cité de Timbouctou, le grand centre de commerce du Soudan occidental. Notre route va toujours vers le Sud-Ouest, et à 300 kilomètres à la ronde de notre point de départ il n'y a nulle localité habitée. La première région où l'on voit des agglomérations humaines permanentes s'appelle le Tidikelt et se trouve à près de 400 kilomètres d'El-Goléa, région que peu d'Européens ont vue et où l'on ne peut aller qu'avec une troupe nombreuse et bien armée. Nos tirailleurs à méhari d'El-Goléa vont jusqu'à mi-chemin et font la police dans les plaines qui sont en deçà ; espérons que bientôt notre drapeau flottera à In-Salah, au centre du Tidikelt, à proximité de l'endroit où se réunissent les grandes caravanes qui vont à Timbouctou.

D'El-Goléa trois pistes peu éloignées l'une de l'autre s'offrent à nous pour aller à In-Salah et qui exigent environ dix jours de marche ; presque tous les jours on rencontre des puits et du fourrage. D'autres voies, un peu moins sinueuses et partant plus courtes, qui traversent un pays difficile et sans eau, ne servent qu'aux bandes de pillards, comme il y en a souvent dans ces parages. Le sol est presque partout constitué par un plateau crayeux analogue à celui de la Chebka, où quelques lignes de dunes se sont formées çà et là des débris du plateau, délités par les pluies, le soleil et le vent.

A 300 kilomètres environ d'El-Goléa, on entre dans le Tidikelt; c'est une rabah, une forêt, disent les indigènes, qui s'étend sur plus de 150 kilomètres en une ligne recourbée du Nord au Sud-Ouest. Le sol, entrecoupé de dunes et de petits plateaux stériles, présente en général une vigoureuse végétation de plantes arborescentes que broutent de nombreux troupeaux d'*ademans* ou moutons à poils de chèvres. Dans certains bas-fonds, comme la Sebkhra à l'ouest d'In-Salah, s'amassent l'hiver les eaux de pluie, bien vite évaporées pour ne laisser qu'une couche de sel non exploitée. L'eau souterraine partout abonde; elle sort parfois naturellement, mais le plus souvent est amenée à la surface par d'innombrables puits à bascule et par une grande quantité de feggaguir. De là, l'existence d'oasis très rapprochées contenant un million et demi de palmiers et nourrissant une population de 23,000 habitants, répartis en soixante-deux ksour ou villages. Les ksour sont groupés en districts, séparés l'un de l'autre par des espaces inhabités de 20 à 30 kilomètres; ce sont, en allant de l'Est au Sud-Ouest, Foggaret-es-Zoua, In-Salah, In-Rar, Tit, Akabli, Aoulef. Le plus important, celui d'In-Salah, a la prépondérance politique sur les autres, et le Cheikh-el-Kebir qui commande le principal ksar du district d'In-Salah peut être considéré comme le chef de tout le Tidikelt.

La population est dans tous les districts extrêmement variée, divisée en véritables castes. Les Cheurfa, Arabes qui prétendent descendre du prophète, ne s'allient qu'entre eux; de même encore les Harratin ou descendants de nègres affranchis, de même encore les esclaves. Ces divers éléments n'ont que peu de tendance à se fondre et ont des intérêts et des mœurs différents. Il faut ajouter que de nombreux étrangers sont établis ou viennent momentanément trafiquer dans le pays, des Touareg, des Châmba, des marchands de Radamès, de R'hat, de Timbouctou, des M'zabites. La famille qui domine depuis longtemps est celle des Ouled-Ba-Djouda, de la tribu bellliqueuse et nomade des Ouled-Ba-Hamou qui ne vient dans les oasis que pour la récolte des dattes. Les sédentaires, plus nombreux et plus riches, sont plus pacifiques et adonnés surtout au commerce, mais dans leur haine contre les chrétiens, ils s'allient volontiers aux Ouled-Ba-Hamou, aux familles maraboutiques et aux nombreux étrangers, Touareg, Châmba et autres, qui sont venus là chercher un refuge contre les poursuites que leur attiraient leurs méfaits et qui sont tous clients de la famille des Ouled-Ba-Djouda. Pour terminer ce qui concerne la population de ce pays, disons que les rixes y sont fréquentes et les mœurs mauvaises. Ajoutons aussi, d'après Gerhard Rohlfs, un trait assez curieux et caractéristique, signalé aussi pour les gens de Radamès par d'autres voyageurs. Ces Arabes du désert ont une admiration très grande pour les femmes d'un embonpoint excessif; plus une femme a d'entournure, plus elle est réputée belle, et les familles ne négligent rien pour faire acquérir à leurs filles cette ampleur si prisée. On les nourrit, lorsqu'elles approchent de l'âge propre au mariage, de lait et de beurre de chamelles, régime qui leur profite si bien que beaucoup, à vingt ans, ne peuvent plus passer par les portes des maisons ou sont incapables de se porter elles-mêmes.

Les gens du Tidikelt vivent de la récolte des dattes dont ils exportent d'assez grandes quantités, du croît de leurs troupeaux de moutons et de chameaux; si leurs chevaux sont en petit nombre, à peine deux cents, ils ont beaucoup d'ânes qui rendent de réels services. Ils trouvent encore quelques ressources dans la chasse des gazelles et des antilopes et dans la vente de tissus de laine et de broderies que font leurs femmes. Enfin le commerce leur crée des revenus, car leur pays, surtout le district d'In-Salah est l'entrepôt obligé des marchandises venant du Nord, du Sud-Est et du Sud, des produits du Soudan et des objets de fabrication européenne. C'est surtout le grand marché où s'approvisionnent les Touareg; ils y viennent chercher des dattes et des tissus en échange de viande de gazelle et d'antilope boucanée. Beaucoup d'habitants aussi louent leurs chameaux pour les voyages vers Timbouctou et se louent eux-mêmes comme conducteurs; les Ouled-Zenan particulièrement, du district d'In'Rar, et les habitants du district d'Akabli sont les guides les plus habiles pour effectuer la longue traversée du Désert.

A 80 kilomètres au sud-ouest du Tidikelt, après avoir traversé une plaine pierreuse, on entre dans un pays fertile qu'on appelle généralement le Touat. Long de plus de 200 kilomètres du Sud au Nord, sur une largeur moyenne de 50 à 60 kilomètres de l'Ouest à l'Est, il a une superficie d'environ 12,000 kilomètres carrés, soit la surface de deux départements français. Il est limité, à l'Est, par de grandes dunes dont le sépare la vallée de l'Oued-Messaoud, appelé, plus au Nord, Oued-Saoura et Oued-Guir, rivière qui ramasse les eaux venues des flancs de l'Atlas saharien. Cette vallée, riche en terres alluvionnaires et en eaux souterraines, avec des pâturages abondants, reçoit un grand nombre d'oueds venus du Nord et dans lesquels sont situées les oasis. Le Touat ne compte pas moins de cent cinquante-six ksour ou villages, répartis en dix districts qui se succèdent parallèlement à l'Oued-Messaoud dans le sens du Sud au Nord, mais à une certaine distance à l'est de la vallée. La population ne peut être évaluée à moins de cent mille individus, Arabes, Berbères, Harratin et nègres; les forêts de palmiers renferment

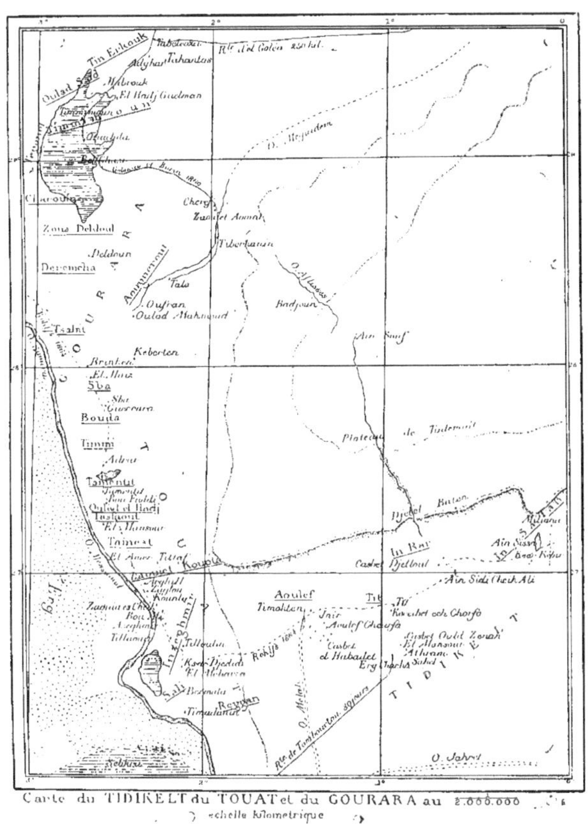

Carte du TIDIKELT du TOUAT et du GOURARA au 1/2.000.000
échelle kilométrique
0 10 20 30 40 50 60 70 80 90 100

plus de trois millions d'arbres qui produisent des fruits de moyenne qualité. Deux villes importantes s'y élèvent : Tamentit qui a 6,000 habitants et Adrar qui en a 7,000. La première était jadis, à ce qu'on dit, habitée exclusivement par des Juifs qui furent convertis de force par les Arabes envahisseurs. Quoique musulmans fanatiques, les habitants ne renient pas cette origine, mais, par suite des alliances avec les nègres, ils sont devenus aussi noirs que les autres habitants du Touat. Il semble cependant qu'ils gardent comme une marque de leur origine, l'aptitude au commerce et à diverses industries, telles que la cordonnerie, la broderie, la confection des vêtements, la bijouterie. A Adrar, il y a un marché fréquenté, et de là il part chaque année plusieurs caravanes pour Timbouctou.

Le pays, étendu et peuplé, produit outre les dattes, du blé, de l'orge, du coton, du henné très estimé, du chanvre et du tabac. Les indigènes font un véritable abus de ces deux derniers produits; presque tous fument et s'adonnent au kif[1], qui produit une ivresse analogue à celle de l'opium et aussi désastreuse. Il y a aussi de nombreux troupeaux de moutons et de chameaux. Les habitants trouvent encore quelques ressources dans l'exploitation du bois et du charbon de bois, dans celle de l'alun, du salpêtre, du sel et de quelques subsistances minérales qui fournissent une teinture bleu foncé. Malgré leur ardeur au travail, ils trouvent à peine dans leur pays de quoi vivre et un grand nombre sont forcés d'émigrer vers les autres oasis du Sud ou même vers les villes de l'Algérie ou de Tunisie, où ils servent surtout comme jardiniers ou terrassiers; on les appelle communément d'un nom assez impropre : Gourariens. La plupart des gens du Touat sont de mœurs pacifiques et les guerres intestines ou avec l'étranger sont chez eux fort rares; en revanche, ils sont musulmans fanatiques, et depuis longtemps leur pays est absolument fermé aux voyageurs européens. Leur commerce consiste dans la vente des dattes aux Arabes nomades et aux Touareg, dans la vente du henné aux M'zabites, dans l'achat de blé, de laine, de beurre aux Arabes, de thé et de cotonnades au Tafilelt, de poudre d'or, d'ivoire

1. Le kif est fait avec les sommités fleuries du chanvre.

et d'esclaves au Soudan. Ce dernier commerce, qui jadis était fort actif, est maintenant sensiblement réduit, et déjà, en 1864, Rohlfs n'estimait pas un à millier par an le nombre des esclaves amenés au Touat, dont la moitié à destination du Maroc.

Au nord-est du Touat s'étend une région assez semblable à celle que nous venons de parcourir et qui occupe environ une surface de 5,000 kilomètres carrés, c'est-à-dire celle d'un petit département français, la région du Gourara ; elle se développe surtout autour d'une grande sebkhra, le plus souvent à sec, mais où viennent parfois se déverser les eaux descendant des plateaux d'alentour. Elle comprend douze districts avec cent quinze ksour, une population de 80,000 âmes et deux millions cinq cent mille palmiers. La population, semblable à celle du Touat par la couleur, l'origine, les mœurs, les tendances politiques, s'adonne comme celle-ci au commerce, à la culture des dattes, à l'extraction du salpêtre, à la fabrication du charbon de bois avec les tiges des arbrisseaux qui croissent dans la vallée de l'Oued-Meguidem. Deux villes importantes sont à mentionner, Brinken dans le Sud, Timminoun au Nord. La première, bâtie par des Juifs, suivant la tradition, fut assiégée en 1848 par les gens du Touat et du Tidikelt ; ses palmiers furent tous coupés, ses habitants en partie massacrés ; le ksar résista pourtant, et quand Rohlfs le visita en 1864 il y trouva encore 3,000 habitants ; on dit qu'elle a décliné depuis. La ville de Timminoun, qui compte 7,000 habitants, a été bâtie par les Zeneta en briques séchées au soleil et ses maisons sont assez ordinairement élevées d'un étage. Elle est entourée d'une enceinte crénelée, flanquée de tours et percée de cinq portes ; c'est le centre d'un commerce actif et le marché le plus fréquenté de tout le Gourara.

Ainsi nous avons au sud de nos départements d'Oran et d'Alger, trois régions voisines l'une de l'autre, relativement riches et peuplées, contenant plus de 200,000 habitants et sept millions au moins de palmiers. Là vit une population fanatique qui n'a laissé passer sur son territoire que deux voyageurs européens, Laing en 1828 et Rohlfs en 1864, ce dernier passant pour un médecin turc; une population qui a repoussé Soleillet en 1873, massacré Palat en 1886 et Douls en 1889. Par contre, elle a donné asile à tous les coupeurs de route poursuivis par notre justice, à tous les rebelles de notre Algérie, récemment encore aux bandes de Bou-Amema. Elle détourne vers le Maroc ou vers Radamès les caravanes qui du Soudan pourraient venir vers nos marchés; elle a fait plus : indépendante de toute éternité, elle a, pour se soustraire à un châtiment de notre part, sollicité d'être soumise à l'autorité marocaine. Quand Colonieu et Burin, en 1860, s'avancèrent dans le Gourara, les gens du Touat réunirent en hâte une somme de cinq mille francs et vingt jolies négresses qu'ils envoyèrent au sultan de Maroc pour lui demander son appui. Récemment, ceux d'In-Salah ont fait une démarche semblable, et, se croyant ainsi à l'abri de nos coups, ils fomentent avec les Touareg des complots contre nos tribus soumises et constituent une ligue toujours armée. Mais surtout ce qui est grave, c'est qu'ils détiennent la contrée qui est le point d'union entre notre Algérie et la région soudanienne réservée à notre influence, c'est qu'ils coupent notre meilleure route d'Alger au Niger. Rappeler ces faits et cette situation, n'est-ce pas démontrer du même coup l'opportunité, l'urgence d'une intervention de la France? que cette intervention s'exerce par la voie des armes, avec une colonne de quelques milliers d'hommes et du canon, qu'elle s'exerce par des moyens politiques et l'extension de notre voie ferrée du Sud Oranais ou par la création de postes entre El-Goléa et In-Salah, il n'importe; mais ce qu'il faut, pour l'honneur de la France, pour la sécurité de l'Algérie, pour notre avenir dans l'Afrique du Nord, c'est agir, et agir vite, car les retards et les hésitations ne pourraient que profiter au Maroc et aux étrangers qui conseillent son sultan, ne pourraient que rendre notre situation plus compliquée et une action ultérieure plus difficile et plus aléatoire. Tous ceux de nos officiers de l'extrême Sud qui connaissent bien la question déplorent les jours et les semaines perdues, et leur opinion est partagée par tous ceux qui étudient la géographie de ces régions, y compris l'Allemand Rohlfs, qui dès 1864 préconisait l'occupation du Touat par la France. Pour notre part, nous espérons que quand ces lignes verront le jour le drapeau tricolore flottera au haut des ksour de Timminoun et d'In-Salah.

Une des choses qui rendraient pour nous précieuse la possession de ces contrées, c'est que là est le centre de réunion de toutes les caravanes qui font le négoce entre Timbouctou et le Sahara occidental. Il en vient de Figuig, du Maroc, de Radamès; deux fois par an, dans les premiers jours d'avril et dans les premiers jours d'octobre, il se forme même des caravanes beaucoup plus considérables, nommées Akabar et qui comptent en moyenne de quatre à cinq mille chameaux. Le lieu de réunion est dans le district d'Akabli, au sud-ouest d'In-Salah, au ksar nommé Zaouïet-Bou-Naama. Là se trouvent rassemblés avec leurs bêtes de somme, cinq ou six cents marchands venus des points les plus divers et les plus éloignés; ils se forment par petits groupes, puis s'entendent sur le choix d'un guide ou khrebir; on le choisit presque toujours parmi les habitants mêmes d'Akabli, réputés pour la connaissance parfaite de la route. Si un marabout de Zaouïet-bou-Naama suit la caravane, ce qui arrive fréquemmeut, on lui défère de suite le commandement et le rôle de juge. La répartition des charges faite, l'ordre de marche établi, toutes les mesures de prudence prises, on accomplit l'étape d'essai en allant jusqu'à Hassi-Oudcar, puits à quelques kilomètres seulement au Sud-Est.

Le lendemain, on entre dans les espaces vides et inhabités. La route que suit la caravane va vers le Sud-Sud-Ouest, et pendant neuf étapes, jusqu'à Ouallen, traverse une plaine qui s'étend à l'ouest des contreforts du Djebel-Mouydir. Sur neuf jours de marche, il en est cinq où l'on rencontre de l'eau à la halte et presque partout il y a un peu de fourrage ; on entre ensuite dans le Tanezrouft, plateau calcaire entrecoupé de dunes, où l'eau et le fourrage ne se rencontrent que de loin en loin. Les caravanes se hâtent de traverser cette zone effrayante d'aridité et y emploient une dizaine de fortes étapes. Quand elles en sont heureusement sorties, elles vont en seize étapes à travers un pays raviné, dont les oued même coulent quelques instants dans les années pluvieuses ; huit puits jalonnent aussi la route et l'on rencontre même deux petits villages, Mabrouk et El-Mamoun ; après trente-cinq jours de marche environ, plus un certain nombre de jours d'arrêt dans les endroits riches en eau pour refaire les chameaux épuisés, on arrive enfin en vue de Timbouctou.

L'itinéraire que nous venons d'indiquer n'est pas toujours suivi exactement ; quelquefois les caravanes, pour des convenances particulières, s'écartent un peu à droite et à gauche. Une autre route plus à l'Ouest est aussi fréquentée, surtout par les caravanes qui veulent aller du Touat à Timbouctou sans passer par Akabli. On suit presque toujours pendant une vingtaine d'étapes une vallée qui limite les plateaux pierreux, contreforts du Ahaggar, d'avec les grandes dunes de l'Erg occidental ; on y est rarement deux jours sans y trouver de l'eau abondante et bonne ainsi que des pâturages. Après vingt jours de marche environ, on arrive à Taodenni. Ce point est un des plus importants du Sahara occidental ; situé près de la vallée de l'Oued-Teligh, riche en pâturages et en puits, il est, malgré le peu d'étendue du ksar qui n'a que cent maisons, un point de rendez-vous de nombreuses caravanes, venant du Touat, de

Figuig, du Maroc, de Radamès, de Rhat. Ce qui les attire principalement, c'est l'abondance du sel gemme; il y est vendu en plaques de 1 mètre de long et du poids d'une trentaine de kilogrammes; quatre de ces barres forment la charge d'un chameau. Ce commerce, qui est très ancien, donne lieu à un mouvement considérable d'affaires, qu'on ne peut évaluer à moins de 4,000 à 5,000 tonnes. Ce sel se vend dans les régions du Niger et jusqu'à l'extrême Soudan.

De Taodenni, six jours de marche pénible dans une région en partie couverte de sable et qui manque d'eau, conduisent à la ville d'Araouan, rendez-vous de nombreuses caravanes et nœud de plusieurs routes menant à Timbouctou. « Sa situation, dit l'explorateur Lenz, est absolument affreuse; au milieu d'une région de dunes d'étendue colossale sont éparses un peu plus de cent maisons, entourées de masses de sable, où l'on ne pourrait trouver un brin d'herbe. Partout où la vue s'étend, on ne voit que des dunes d'un jaune mat; le sable est dans l'air, dans les maisons, dans les chambres. On ne pourrait comprendre comment des hommes peuvent vivre ici, si l'on ne savait que dans un bas-fond situé près de la ville se trouvent des puits extrêmement abondants[1]. » Les maisons, bâties en argile fortement battue, sont hermétiquement fermées à cause des violents ouragans de sable et sont disposées irrégulièrement sans former de rues; elles ressemblent à de petits châteaux-forts et les Berabich et les Touareg se sont livrés de nombreux combats dans les alentours. La ville fondée récemment, il y a deux siècles au plus, a pris une grande importance à cause de l'abondance de l'eau et parce qu'elle est sur le passage obligé des caravanes qui font le commerce entre le Soudan et le Maroc. Elle n'a aucune espèce de cultures, ni blé,

1. Lenz. *Timbouctou, voyage au Maroc, au Sahara et au Soudan*, traduit par Lehautcourt, Paris, 2 vol. in-8. 1887, t. II, p. 90.

ni orge, ni dattes, pas l'ombre de verdure, mais on y trouve entreposés les produits les plus divers du Soudan, comme les arachides, la noix de kola, ce café des noirs, supérieur par son efficacité à notre moka, et une foule d'autres choses ; on y voit venir paître, dans le bas-fond indiqué plus haut, à côté des chameaux et des moutons, des troupeaux de zébus ou bœufs à bosses. On s'aperçoit déjà qu'on s'approche des limites du Désert.

Au sortir d'Araouan, il faut à peu près six jours de marche à une caravane pour atteindre Timbouctou. La route traverse d'abord des dunes, puis une région sablonneuse, mais couverte d'une assez belle végétation d'alfa : de distance en distance apparaissent des gommiers qui sont ici de véritables arbres. A mesure qu'on avance vers le Sud, le pays perd son aspect monotone et aride ; des montagnes à l'Est et à l'Ouest couronnent l'horizon; le sol se garnit de buissons de tamaris et de mimosas, de nombreuses variétés d'herbes et de fleurs, tandis que l'air résonne du chant de myriades d'oiseaux ; aux gazelles et aux antilopes viennent se joindre des troupes de zèbres; le gibier abonde et l'on trouve des traces du passage des lions. C'est la vaste forêt de l'Azaouad qui s'étend au nord et au sud de Timbouctou, à plusieurs jours de marche. A un certain endroit, cette végétation luxuriante disparaît, le pays redevient sablonneux et stérile, quand on aperçoit tout à coup au fond de la plaine fauve, les tours des mosquées et les maisons de Timbouctou, la cité mystérieuse, l'ancien emporium du Soudan.

Nous avons vu à mainte reprise qu'il était fort difficile à un Européen d'atteindre Timbouctou. Cela n'est arrivé qu'au pauvre matelot Imbert qui y fut prisonnier en 1630 et alla peu après mourir en captivité au Maroc, puis à Laing qui fut assassiné dans le désert à son retour, puis à notre vaillant compatriote, René Caillié en 1827, puis à Barth qui y séjourna sept mois en 1853 et 1854, protégé par le grand chef de la cité, puis enfin à Lenz qui y demeura une vingtaine de jours en 1880. Depuis cette dernière époque, nul n'a pu y parvenir par le Nord, par le Sahara; mais depuis 1884, nous avons sur le Niger des canonnières qui arborent notre drapeau tricolore et qui ont passé fièrement à 8 kilomètres au sud de la grande ville. Nous sommes entrés en relations avec ses habitants et il est à espérer que notre influence s'établira bientôt solidement sur toute la région.

Quand on arrive par la plaine sablonneuse du Nord, on a d'abord à franchir une zone étendue, couverte de ruines d'antiques constructions et de décombres; il est visible que la ville s'étendait jadis beaucoup plus loin vers le Nord et a été plus prospère et plus grande qu'elle n'est maintenant; au delà, on rencontre une quantité de huttes rondes en torchis et en paille, habitées par des nègres, par delà lesquelles la ville étale ses mille maisons plates et blanches, dominées çà et là par quelques minarets. Nulle part on n'aperçoit un arbre; les quatre ou cinq misérables exemplaires d'un palmier sauvage que Barth avait vus ont aujourd'hui disparu et ce n'est qu'en dehors, près des étangs ou dayas situées au Nord-Ouest, qu'on trouve quelques mimosas et quelques palmiers.

La ville, quoique moins grande de moitié qu'elle n'était jadis, couvre encore une étendue assez considérable; son aspect semble pittoresque et même ravissant à qui vient de faire la longue traversée du Désert, mais en réalité Timbouctou n'a rien de la splendeur qu'on lui prêtait avant de la connaître. L'enceinte qui la couvrait a été détruite par les Peulhs qui la conquirent en 1826. La plupart des rues sont si étroites qu'à peine deux cavaliers peuvent y passer de front. Il n'y a ni places publiques remarquables, ni jardins. Mais les maisons, qui, selon Barth, sont au nombre de neuf cent cinquante et, selon un autre voyageur, au nombre de trois mille, sont en général bien construites et bien entretenues; elles donnent le plus souvent sur une cour intérieure et ont un et même deux étages sur rez-de-chaussée ; des portes et des fenêtres en bois sculpté les décorent. Il n'y a, en fait de monuments publics un peu remarquables, que des mosquées dont trois grandes. Celle qu'on appelle spécialement la grande mosquée a près de 100 mètres de long sur une soixantaine de large ; elle est couronnée d'un haut minaret en argile qui va en s'amincissant et est surmonté d'une petite plate-forme carrée. A l'intérieur, elle est divisée en neuf nefs.

La population, qui était estimée par Barth, à 13,000 âmes, est évaluée par Lenz à au moins 20,000, en y comprenant une population flottante, souvent très nombreuse. Elle est naturellement très peu homogène. Il y a d'abord des Arabes, ou prétendus tels, venus de divers points de l'Afrique, surtout du Maroc; quelques-uns ont le teint aussi clair que ceux de nos villes du Tell, mais beaucoup aussi sont de couleur foncée, par suite de mariages de leurs ancêtres, avec des négresses. La couleur claire est plus rare encore chez les femmes; les vraies Mauresques paraissent peu nombreuses, et au surplus sont cloîtrées dans leurs demeures et par suite quasi invisibles. Il y a en outre de nombreux descendants des nègres Sonray, qui avaient fondé là un puissant État, puis des représentants de toutes les races noires du Soudan, Mandingues, Haoussas, Bambaras, enfin des Touareg et des Peulhs. En temps normal, Timbouctou présente l'aspect d'un vrai musée ethnographique aux sujets bien vivants et bruyants; l'arrivée des caravanes venant de toutes les directions y ajoute encore de nouveaux éléments de variété.

On pense bien que ces hommes de races diverses ne diffèrent pas moins par le costume, les mœurs, la langue, que par le type physique. Toutefois on peut dire que la langue dominante est l'arabe; on parle aussi un peu le touareg et le foulbé. De même le costume consiste le plus souent en une simple robe ou *toba* d'un bleu-indigo, et un turban; mais on voit aussi des nègres presque nus et tatoués, des Touareg voilés du *lithan* ou voile sombre qui couvre le nez et la bouche, des Arabes vêtus du burnous, spectacle toujours varié, toujours curieux pour l'étranger. La ville où il y a des eaux stagnantes n'est pas très salubre pour les Européens et les gens de race blanche; ils y sont sujets à des fièvres dangereuses.

Les environs de la ville ne produisant absolument rien en fait de culture, c'est des pays voisins que viennent toutes les choses nécessaires à l'existence, le riz, le blé, dont on fait de très bon pain, les légumes, etc. Kabara, le port de Timbouctou sur le Niger, en fournit en abondance, ainsi que du poisson, nourriture méprisée et abandonnée aux nègres, qui ne le mangent qu'à demi putréfié. En revanche, les animaux domestiques sont nombreux dans la ville, des chevaux petits mais rapides et très endurants, des bœufs à bosse, employés aux transports, et comme viande de boucherie, des moutons sans laine, des chiens, des chameaux, des ânes, de la volaille, d'innombrables pigeons. On voit même un certain nombre d'autruches apprivoisées, dont on arrache à chaque saison les plumes, bien qu'elles soient beaucoup moins belles et moins précieuses que celles des autruches sauvages. L'industrie est peu développée; beaucoup d'objets qu'on dit de Timbouctou n'y sont pas fabriqués; on peut cependant citer parmi les produits estimés de l'industrie locale, de petits ouvrages en cuir brodé, des bracelets et bijoux en or et en argent, des chapeaux de paille, etc.

Ce qui fait l'importance exceptionnelle de cette ville, c'est l'activité de son commerce; elle est véritablement le grand entrepôt du Sahara et du Soudan, et on y trafique de toutes sortes de choses. Jadis un des principaux objets des transactions était l'or venu du Bouré et du Bambouk, que l'on vendait sous forme d'anneaux ou de feuilles minces, plus rarement en grains ou en poussière; aujourd'hui, la plus grande partie de l'or des pays producteurs est écoulé vers Saint-Louis du Sénégal et ce n'est qu'une très petite quantité qui va par Timbouctou vers Mogador et la Tripolitaine. Plus important maintenant est le commerce du sel; on ne peut estimer à moins de trois ou quatre mille charges de chameaux la quantité qui en est annuellement apportée des mines de Taodenni; chaque charge se compose de quatre plaques de sel, d'une valeur de 5 à 6 francs sur le marché de Timbouctou; de là il est exporté dans toutes les contrées voisines du Niger, où il acquiert une valeur bien plus considérable. Un autre article sérieux du commerce de la place est constitué par de grandes et larges chemises bleues, garnies de broderies de soie fort originales, par d'épaisses couvertures teintes en bleu pâle, par des pantalons d'étoffe bleue à parements brodés, par de petites bandes d'étoffe, le tout provenant de Sansanding, et servant de monnaie concurremment avec l'or et le sel; mais l'invasion des marchés de l'Afrique centrale par les cotonnades anglaises, infiniment moins belles et moins bonnes, mais à vil prix, a fait beaucoup baisser ce genre de commerce. Il faut encore ajouter le transit des noix de kola, ce curieux fruit d'un arbre semblable au châtaignier, que les noirs adorent et où ils trouvent un réconfortant puissant, du riz, du tabac, du millet, du beurre végétal et de mille autres produits des riches contrées du Soudan. Les caravanes sahariennes n'apportent en échange que des dattes, des peaux de bêtes, du tabac et des articles de provenance européenne, que les marchands de Timbouctou vont répandre dans le Bornou, le Sokoto, etc.; elles n'emmènent qu'une petite quantité de gomme, d'ivoire et d'esclaves.

Nous avons dit plus haut que l'or, le sel et les cotonnades indigènes servaient de monnaie, surtout l'or dont l'unité est le mitkal, pesant environ 4 grammes; mais pour monnaie divisionnaire on emploie les

TIMBOUCTOU

cauris, coquilles minuscules à volutes, que des armateurs européens vont chercher en quantités énormes sur les côtes des îles Maldives et de Zanzibar. Elles ne sont ni enfilées ni pesées, mais on les compte, ce que les indigènes font avec une grande rapidité, mais où les étrangers perdent beaucoup de temps; il ne faut pas moins de 4,000 à 6,000 cauris, suivant le cours, pour payer une valeur de 5 francs. Cette monnaie bizarre et encombrante a cours presque dans tout le Soudan, et les nègres en emploient aussi de grandes masses comme ornements.

Il serait fort difficile, en l'état actuel de nos connaissances, de donner un chiffre un peu précis sur l'importance du commerce de Timbouctou. S'il faut en croire un des marchands de cette ville, qui en 1884, vint au Sénégal puis à Paris, El-Hadj-Abd-el-Kader, que nous avons traité comme un grand chef, il arriverait annuellement 400 caravanes à 350 chameaux en moyenne, soit au total 140,000 chameaux avec un chargement de 22,400 tonnes. D'autre part, le mouvement du commerce par la voie du Niger, par le port de Kabara, serait de 26,500 tonnes transportées sur des chalands de 25 à 30 tonnes. On voit par ces chiffres, même en les réduisant dans une proportion notable, que Timbouctou, quoique bien déchue, reste un grand centre commercial. De là partent des routes dans toutes les directions, dont nous ne mentionnerons que les plus fréquentées.

1° Celles de Timbouctou à Saint-Louis du Sénégal, par Bassi-Kounou, Kouniakari, Médine et Bakel, environ trente-cinq grandes journées de marche; cette voie manque presque toujours de sécurité, et l'état de guerre est depuis longtemps permanent dans les régions qu'elle traverse; aussi on prend souvent la suivante;

2° De Timbouctou à l'Adrar, par Oualata, Tichit, Atar, trente-deux jours de marche, avec des embranchements sur Ouadan et sur Chinguit, les principales oasis de l'Adrar. D'Atar, il n'y a que sept jours de marche pour atteindre l'océan Atlantique, au banc d'Arguin, et quelques géographes pensent que c'est par cette voie que le commerce français trouverait le plus d'avantages à se mettre en relations avec Timbouctou;

3° De Timbouctou au Maroc, par Araouan, Taodenni, Bir-el-Abbas, Tendouf, une soixante de jours jusqu'à Mogador, route suivie jadis par René Caillié et par la plupart des caravanes marocaines; les caravanes du Tafilelt suivent le même itinéraire jusque près de Taodenni et là inclinent vers la droite;

4° De Timbouctou au Touat, par Mabrouk et Ouallen, environ trente-cinq jours de marche, voie suivie par les grandes caravanes akabbar et par bon nombre de moins importantes qui vont au Touat, au Gourara, au Tidikelt et même au Tafilelt; c'est aussi celles que prennent les caravanes allant à Radamès et à Rhat; elles font ainsi un détour énorme vers l'Ouest pour éviter la traversée du pays touareg, puis bifurquent vers l'Est à Timissao;

5° De Timbouctou à Kano, d'abord le long du Niger, puis par Bourroum, Ghao et Kachena, route d'une soixantaine de jours de marche.

En outre, il y a de nombreuses pistes s'écartant plus ou moins des routes ci-dessus indiquées. Cette grande cité de Timbouctou, centre de tant de voies commerciales, atteinte aujourd'hui par nos petits vapeurs du Niger, doit fatalement tomber sous notre autorité, et ainsi s'accomplira la prophétie que Lenz faisait en 1880 : « Le temps n'est peut-être pas éloigné où des puissances européennes décideront de la répartition des États jadis puissants et florissants du Niger moyen, et Timbouctou redeviendra alors le centre important de civilisation indiqué par sa situation favorable entre le Sahara et le Soudan. »

CHAPITRE VI

BISKRA, LES ZIBAN, L'OUED-R'IR ET LE SOUF

Nous demandons maintenant à nos lecteurs de vouloir bien nous suivre dans la partie orientale de l'Algérie, dans le département de Constantine. Là, c'est à El-Kantara que l'on sort de la zone des Plateaux, pour entrer dans ce qu'on appelle le Désert. Nulle part ailleurs en Afrique, le passage des régions cultivables aux solitudes arides ne se fait d'une manière aussi brusque et aussi saisissante. On arrive du Nord, des terres élevées de Batna aux forêts de cèdres, de chênes et de pins; on a traversé un pays montueux avec quelques rares cultures et quelques groupes de maisons de loin en loin sur la route, un pays de broussailles et de maigres pâturages, où l'air est froid et vif, le ciel gris, pendant de longues semaines d'hiver. Une rivière, l'Oued-Kantra, est voisine de la route, torrent dangereux après les pluies, encombré de pierres et de lauriers-roses l'été. A une cinquantaine de kilomètres au sud de Batna, on aperçoit une haute chaîne de montagnes abruptes et dénudées, qui court perpendiculairement à la route et à la rivière, qui semble devoir les terminer brusquement l'une et l'autre ; on ne devine pas d'abord comment on pourra franchir cette muraille, aller au delà de cette borne. En approchant davantage, on remarque bientôt quelques maisons européennes avec un beau verger vert et frais, puis derrière, dans l'épaisseur de la muraille montagneuse, une brèche gigantesque, une coupure étroite et haute, aux bords à pic, semblables à celles que dans les Pyrénées et les sierras d'Espagne, la légende dit avoir été produites par l'épée de Roland. Cette ouverture est appelée par les Arabes *Foum-es-Shara*, la bouche du Sahara ; le fleuve s'y fraye un chemin, et, dès l'antiquité, une route le suivait sur la rive droite, puis le franchissait, pour gagner les escarpements les moins inaccessibles de la rive gauche, sur un beau pont, que l'on a restauré ; c'est de ce pont (en arabe, *kantra*) que le passage a pris son nom. Mais le pont romain n'est plus qu'une curiosité archéologique ; la route moderne ne l'utilise pas, car elle a été taillée par le génie dans les rochers de la rive gauche.

On n'a besoin que de quelques minutes pour franchir le passage, véritable défilé entre des hauteurs abruptes ; au-dessous, gronde l'oued à travers les pierres, et dans une échappée, au fond du défilé, on voit se balancer la cime de quelques palmiers. Quand on arrive à l'issue de la gorge, brusquement, comme si une toile se levait tout à coup sur ce théâtre, on a devant soi un paysage saharien. Au pied de la route, sur la droite, la rivière coule entre les pierres avec de minces filets et flaques d'eau où se reflète le bleu du ciel et où se mirent les palmiers à la verdure sombre, au nombre de plus de vingt mille ; sur les deux rives de l'oued et au milieu des arbres sont éparses de petites maisons grises, groupées en trois villages, qu'entoure un mur en pisé avec des tours d'où on signalait jadis les maraudeurs ; ces maisons sont presque toutes à un seul étage, construites en briques crues séchées au soleil ou toubs, et couvertes de terrasses. La route serpente, poudreuse, au travers d'une plaine jaunâtre, fermée par des colines nues que le soleil colore des

GORGE D'EL-KANTARA

lus riches teintes, rose, pourpre, violet, suivant les diverses heures du our. C'est une révélation du Sahara, mais ce n'est certainement pas le ésert. Outre l'animation due à la présence de la forêt de palmiers et des rois villages, des hommes bronzés en burnous blancs, des femmes aux vêtements bleu ou rouge foncé, visibles de loin, circulent sur la route et aux abords; parfois même, c'est une tribu nomade en marche avec sa musique, ses étendards, ses notables à cheval, ses femmes riches en palanquins placés sur le dos des chameaux et sa cohue d'hommes armés, de femmes et d'enfants à pied, portant les ustensiles de ménage, et ses chiens hargneux et ses troupeaux de chameaux, et de moutons. Parfois aussi, une gracieuse horde de gazelles traverse rapidement la plaine dans le lointain, en soulevant un léger flot de poussière. La plume est impuissante à décrire l'imprévu et la grandeur de ce spectacle, à rendre l'admiration qu'éprouve le voyageur; nul n'y demeure insensible; l'Européen commence à entrevoir le Sahara avec son calme et sa solitude merveilleuse, avec sa vie monotone et étrange, ce pays où l'on a le sentiment du vide et d'une ample liberté.

Nous avons dit ci-dessus que la chaîne de montagnes qui s'ouvre au défilé d'El-Kantara, forme la limite précise des régions du Nord et des régions du Sud; les Arabes disent même, et non sans raison, que cette muraille rocheuse arrête tous les nuages du Tell : la pluie vient y mourir. En deçà, en effet, le climat est pluvieux et froid; au delà, l'air est sec et chaud. Au hameau européen qui est en amont, les maladies les plus fréquentes sont les affections des poumons et des bronches; aux villages indigènes en aval, ce sont les ophtalmies, dues à la réfraction ardente du soleil sur les rochers et à la fine poussière souvent répandue dans l'atmosphère. Là aussi est la limite la plus septentrionale où les palmiers-dattiers trouvent assez de chaleur pour que leurs fruits mûrissent; encore n'en ont-ils pas tout à fait assez, et les dattes d'El-Kantara sont-elles bien moins estimées que celles des oasis plus au Sud.

En quittant El-Kantara pour continuer la route vers le Sud, on passe sur un terrain couvert de cailloux roulés et de fossiles, puis à quelques kilomètres après avoir franchi un seuil peu élevé, on a devant soi une grande surface plane, fermée comme un cirque ; c'est El-Outaia ou la grande plaine. Sur la droite, on aperçoit une montagne assez élevée, le Djebel-Rarribou ou Djebel-el-Mclah, la Montagne de Sel; sa couleur superficielle est d'un blanc grisâtre, mais çà et là, par des fissures, on aperçoit des masses brillantes et cristallines. Les pluies ravinent profondément ce rocher, entraînent en dissolution du sel qui va se déposer au milieu des sables; des quartiers de la masse, alors un peu dégagés et plus faciles à extraire, sont enlevés par les indigènes qui vont les vendre sur les marchés du Tell et du Sahara. A faible distance, à l'ouest de la Montagne de Sel et à une vingtaine de kilomètres d'El-Kantara, se trouve l'oasis d'El-Outaia, avec un caravansérail et un village. A l'époque romaine, à ce qu'il semble, toute la plaine était extrêmement peuplée, car des ruines importantes s'y rencontrent à chaque pas : lors de notre venue en Algérie, il y avait encore une belle oasis, mais peu après, dans une guerre entre Sahariens, les maisons furent incendiées, les habitants massacrés, les palmiers coupés, sauf un seul, qui demeura longtemps solitaire sur l'emplacement du ksar détruit. Mais depuis une trentaine d'années l'oasis s'est reconstituée ; un gracieux village, dominé par une mosquée assez remarquable, s'élève près du caravansérail, et non loin, il y a une belle ferme, créée en 1864, par M. Duffourg ; cet homme d'initiative cultiva sur une grande échelle et avec succès le coton longue-soie et des arbres fruitiers de tous genres. Les indigènes ont dans leurs jardins, outre des palmiers de jour en jour plus nombreux, des grenadiers, des figuiers, des abricotiers, des pastèques, melons, oignons, ails, piments et même des carrés d'orge et de luzerne. Le sol est tellement fertile qu'un peu d'eau le rend propre aux productions les plus variées ; en 1866 et 1868, on fit des sondages dans l'espoir de créer des puits artésiens qui donneraient en abondance le précieux liquide et permettraient de transformer la plaine en une vaste et splendide cotonnière; mais ils n'ont pas donné les résultats espérés; on n'a pu obtenir qu'un peu d'eau de la nappe ascendante. Des barrages faciles à établir, par suite de la conformation du pays, pourraient retenir les eaux hivernales de l'Oued-Kantara et feraient de toute la plaine une des parties les plus fécondes de l'Algérie.

Au sud d'El-Outaia, on franchit l'arête du Djebel-bou-Rezal ou Montagne des Gazelles, puis on passe la rivière et on monte au col de Sfa. De là, on découvre au Sud un horizon immense : la dépression qui a ses plus grands creux dans les chotts et que l'on avait songé à transformer en partie en mer intérieure. La vaste surface plane s'étend à perte de vue, montrant un fond jaunâtre sur lequel font des taches noires les oasis des Ziban; c'est le Sahara, semblable à une peau de panthère tachetée, que nous décrivent les géographes de l'antiquité. Devant cet horizon plat, insondable et morne, les soldats français qui arrivèrent au col de Sfa, s'écrièrent ensemble : La mer! La mer!

Du col de Sfa on descend rapidement à Biskra, à une altitude de 137 mètres, en laissant sur la gauche une remarquable source sulfureuse d'eau chaude, Hammam-Salahin, comme disent les Arabes, Fontaine-Chaude, comme disent les Français. Biskra est appelée à bon droit la reine des Ziban; c'est une des plus belles villes sahariennes qu'il soit possible de voir. Au Nord, près du Fort-Turc et du canal principal, dérivé de l'oued (il s'appelle ici Oued-Biskra) qui arrose l'oasis, s'élève un fort carré de 200 mètres, avec bastions aux angles qui forment une petite ville militaire; par deux de ses côtés, il touche à une belle place plantée d'arbres et bordée de jolies maisons à arcades et à terrasses, ingénieusement disposées pour qu'on y souffre moins de la chaleur; à l'Ouest, un beau jardin d'acclimatation, quelques rues bien ombragées, un marché couvert à arcades, d'autres rues avec maisons indigènes, constituent le nouveau Biskra qu'habitent surtout les Européens et les indigènes riches. A petite distance, au Sud, est le village nègre, composé de quelques maisons et de huttes coniques en branches de dattiers et de roseaux, semblables à des ruches d'abeilles; là on rencontre des échantillons de toutes les races noires du Soudan. La plupart des nègres s'occupent de la fabrication des paniers ou des chapeaux de paille, ou bien sont tisserands; les autres vont exercer quelques métiers, surtout de ceux qui blanchissent, comme la meunerie ou le badigeonnage à la chaux. Un peu plus loin apparaît la villa Landon, une maison quasi princière, avec un parc de deux hectares, merveilleusement entretenu et où croissent les arbres et arbustes des tropiques. Plus au Sud enfin sont les sept villages qui constituent le vieux Biskra, avec leurs maisons en toubs que dominent quelques minarets élancés, avec leurs ruelles étroites, leurs canaux où l'eau est distribuée à tour de rôle aux diverses propriétés, leurs jardins pleins de palmiers et de fruits.

Biskra est vraiment la cité-reine de ce pays; ses palmiers couvrent 1,300 hectares et sont au nombre de 140,000 produisant annuellement plus de 100,000 hectolitres de dattes assez estimées; des milliers d'oliviers séculaires, de figuiers, d'abricotiers et d'autres arbres à fruits sont épars çà et là, et à leur ombre viennent des carrés d'orge, de tabac et de légumes. Le marché est toujours animé, et, à côté des Européens qu'y amènent leurs fonctions, leur curiosité ou la douceur de l'hiver, on rencontre des multitudes de nomades qui viennent faire leurs provisions ou qu'attirent les plaisirs de la ville. Le soir, tout un quartier de la ville française est plein de lumières, de chants et de danses des Oulad-Nayl. Avec ses faubourgs elle comptait en 1886 plus de 1,700 Européens et 5,700 indigènes ; elle a encore grandi depuis, et le chemin de fer qui mène maintenant jusqu'à cette oasis saharienne ne pourra qu'augmenter sa prospérité.

L'oasis de Biskra est arrosée par une multitude de canaux dérivés de l'Oued-Biskra; l'été, il n'a généralement que très peu d'eau et son lit, large d'un kilomètre, est rempli de grosses pierres; l'hiver, il coule avec assez d'abondance et, en certaines années pluvieuses, il roule un véritable flot. C'est alors le signe d'une grande richesse pour l'oasis, et les habitants sont en liesse; mais le fait, malheureusement, ne se produit qu'à de longs intervalles de temps. A l'est et à l'ouest de l'oasis centrale, sont les Ziban, long chapelet d'oasis, la région la plus importante du Sahara algérien, comme nombre de palmiers, sinon comme valeur. C'est, de l'Est à l'Ouest, avec Biskra pour centre et sur une longueur de 150 kilomètres, une ligne de 59 oasis qui s'étend jusqu'à la frontière tunisienne et comprend plus de 900,000 palmiers et 500,000 autres arbres fruitiers. L'oasis de Biskra ou Zab central est l'agglomération la plus importante; à l'Est, dans le Zab-Chergui, il n'y a que de petites oasis, Chetma, Sidi-Khalil, Sidi-Okba; elles n'ont qu'un maigre filet d'eau, descendu des flancs de la montagne de l'Ahmar-kaddou (la joue rouge), qui forme en ce point l'escarpe dénudée du massif de l'Aurès; les riverains d'amont accaparent l'eau près de la source. Sidi-Okba, à 20 kilomètres Est de Biskra, est la capitale religieuse des Ziban, comme Biskra en est la capitale politique ; sa mosquée, assez curieuse et dont le minaret appuyé sur des troncs de palmiers branle à la moindre secousse, renferme le tombeau du premier conquérant arabe de l'Afrique, celui dont le village porte le nom ; la ville est encore un gros bourg bien peuplé et a une école de droit musulman assez fréquentée. Jadis les habitants en étaient très belliqueux, et les crimes n'étaient pas rares parmi eux. Ils passent aujourd'hui parmi leurs voisins pour des gens brutes et ignorants. Un habitant de la localité nous racontait que son oncle ayant reçu de Tunis une veilleuse, composée d'un verre d'eau, d'une mèche et d'un peu d'huile, avec l'indication de la manière de s'en servir, tout le monde vint voir cette chose merveilleuse. Des voisins, qui avaient un malade chez eux, demandèrent à l'avoir comme un talisman. Le propriétaire la prêta en disant de mettre un peu d'huile, lorsqu'elle viendrait à faire du bruit. Quand elle commença à cracher, on fut le réveiller en disant que la lampe parlait; on fit ainsi plusieurs fois, de sorte que c'était le propriétaire de la veilleuse qui veillait. On raconte encore qu'aux premiers temps de la conquête française, le commandant supérieur de Biskra envoya au cheikh une affiche qui devait être lue en public et ensuite affichée sur un mur. Le cheikh, après l'avoir fait lire par le crieur, réfléchit que s'il la mettait sur un mur, on salirait, on abîmerait peut-être cette belle feuille de papier et qu'alors les Français lui feraient couper le cou. Il fit planter dans un monticule de terre une très haute poutre de palmier; on attacha l'affiche sur une planche, au haut de cette poutre, et les gens s'attroupaient autour et la regardaient d'en bas avec respect.

A l'est de Sidi-Okba, le terrain a quelques cultures éparses à de très grandes distances et de petites oasis comme celles : de Aïn-Naga à 44 kilomètres de Biskra, de Sidi-Salah à 54 kilomètres, de Zeribet-el-Oued à 84 kilomètres, de Liana à 97 kilomètres, où l'on voit les ruines d'un poste romain, de Khanga-Sidi-Nadji à 107 kilomètres, au débouché des gorges de l'Oued-el-Arab, de Badès à 131 kilomètres, où l'on voit les débris du poste romain d'Ad-Badias. Au sud de ces pauvres oasis est une dépression, souvent inondée par les eaux, nommée El-Faid et qui se couvre parfois de cultures.

Le Zab-Rarbi ou de l'Ouest est beaucoup plus important que celui de l'Est. Il est divisé en deux groupes : le Zab-Dahraoui, comprenant les oasis situées au Nord, au pied même de la chaîne de hauteurs qui limite ici les Plateaux et le Sahara, et le Zab-Guebli, comprenant celles plus au Sud. Toutes sont alimentées par des sources naturelles qui jaillissent au pied de la montagne, au nombre de quarante-deux et qui donnent un débit d'environ 160,000 litres par minute. Quand on va de Biskra aux oasis du Zab-Dahraoui, on traverse une plaine où de petits tamarins retiennent entre leurs racines des monticules de sable et que bornent au Nord des collines fauves et dénudées. De petites rivières en découlent pendant une bonne partie de l'année. C'est d'abord, à 16 kilomètres, Aïn-Oumach, qui arrose la fiévreuse oasis de ce nom, puis l'Aïn-M'lili, plus abondante et qui irrigue les deux oasis de M'lili et Bigou ; la première est une station romaine du nom de Gemellœ. Au delà, il y a encore toute une série de petits oueds, ravinés, mouillés quand il pleut; le terrain est presque partout humide ou recouvert de roseaux, indice d'une eau souterraine. Après une trentaine de kilomètres de marche, on aperçoit des oasis qui forment ensemble un seul massif de verdure sombre : Bou-Chagroun, avec son étrange koubba de Sidi-Aïssa-ben-Ahmeur, Lichana, où l'on fabrique des tapis de haute laine aux vives couleurs, Tolga, une vraie ville, avec un castrum romain assez bien conservé, des eaux abondantes et une zaouia célèbre, fréquentée par de nombreux étudiants du Sahara algérien et tunisien. Dans ce groupe d'oasis, un peu avant d'arriver à Tolga, on aperçoit quelques ruines éparses de la ville de Zaatcha, qui rappellent un des plus sanglants épisodes de nos guerres d'Afrique. C'était en 1849 : l'Aurès et les Ziban s'étaient soulevés à la voix de Bou-Zian, un ancien porteur d'eau devenu cheikh de Zaatcha : autour de lui accoururent tous les mécontents, tous les ambitieux, tous les gens avides de pillage de la région. Le général

MARCHÉ DE BISKRA

Herbillon se présenta le 7 octobre devant l'oasis avec un peu plus de quatre mille hommes. Comme toutes celles du Sahara, elle offrait un vrai dédale de jardins séparés par des murettes, de canaux d'irrigation, de sentiers étroits et tortueux, de maisons à meurtrières, tout cela entouré d'un mur d'enceinte flanqué de tours et précédé d'un fossé profond et rempli d'eau. Pour approcher de cette enceinte sous le feu meurtrier des habitants, il fallut une dizaine de jours de combats incessants. Un assaut général donné sur deux points à la fois, le 20 octobre, fut repoussé malgré l'élan et l'extrême bravoure de nos soldats, qui y perdirent beaucoup de monde. Il fallut alors faire un siège régulier, abattre la forêt de palmiers et, par l'investissement plus complet de la place, empêcher les insurgés de recevoir des renforts. Les Français furent obligés de demander de nouvelles troupes, qui arrivèrent sous la conduite des colonels Canrobert et Du Barral; malheureusement, elles apportaient avec elles les germes du choléra qui décima le petit corps d'armée. Les sorties continuelles des assiégés nous coûtaient aussi beaucoup de monde, et ceux des nôtres qui tombaient blessés ou prisonniers étaient mis à mort avec des raffinements de cruauté. Enfin le 26 novembre, trois colonnes emportèrent la place d'assaut après une lutte sanglante, qui se poursuivit dans chaque jardin et autour de chaque maison. Ce combat de ruelles fut plus terrible que n'avait été celui même de Constantine en 1837, et les habitants, restés sourds à toutes les sommations, furent ensevelis avec Bou-Zian sous les ruines de leur ville. Pour nous, ce siège si singulier ne nous avait pas coûté moins de mille cinq cents hommes, sans compter les victimes du choléra.

A faible distance, à l'ouest de Tolga, deux oasis sont surtout remarquables parce que toutes deux ont des Français pour propriétaires : El-Amri et Foukhala. La première, s'étant insurgée en 1876, fut prise après des combats dont on voit encore les traces et mise sous séquestre. Des Français l'achetèrent, y firent creuser de nombreux petits puits de très faible profondeur et lui rendirent la vie. A Foukhala, l'oasis dépérissait d'elle-même et on voyait les palmiers jaunir peu à peu; de riches Parisiens, que le beau climat de Biskra avait attirés et que le charme du Désert a retenus, MM. Fau et Foureau, l'ont achetée à ses propriétaires et leur intelligente activité l'a arrachée à une mort prochaine. Je conseille à ceux qui médisent de notre aptitude à coloniser de venir ici; ils verront si nous manquons de la hardiesse nécessaire pour concevoir un grand dessein, du courage et de la persévérance qu'il faut pour l'accomplir.

A l'ouest d'El-Amri s'étend une longue plaine sablonneuse d'un aspect singulièrement monotone, couverte de cailloux roulés et de graviers multicolores, avec une très faible végétation semblable à celle du Grand Désert. C'est le désert en effet; car il n'y a à 25 kilomètres que le petit bordj de Doucen auprès d'une source et à 50 kilomètres que les deux oasis des Ouled-Djellal et de Sidi-Khaled. C'est le désert moins l'infini de l'horizon; celui-ci en effet est toujours borné par une croupe montueuse de faible hauteur, derrière laquelle se trouve une descente, puis une croupe toute semblable et cela continue pendant tout un jour de marche à partir d'El-Amri. Enfin au détour d'une colline, le terrain devient argileux et l'on aperçoit la longue ligne des palmiers des Ouled-Djellal, orientée dans le sens de l'Ouest à l'Est, parallèlement au grand fleuve saharien de l'Oued-Djeddi. Une mosquée, dont le minaret aigu s'élève très haut dans les airs, domine tout l'ensemble, puis on voit la masse confuse des constructions et des jardins. Tout cela, d'un vert sombre ou d'un blanc sale, émergeant au-dessus du sol rouge, produit un très grand effet, surtout à l'heure du soleil couchant. Cette impression ne se dément pas lorsqu'on a franchi la porte du ksar et qu'on arrive sur la grande place des Ouled-Djellal. L'aire en a environ 300 mètres de côté et elle est ornée d'une vaste mosquée et de plusieurs belles maisons. Des chameaux sont couchés çà et là attendant qu'on les charge ou qu'on les décharge. Une foule bariolée s'agite et se démène pour vendre ou acheter les choses les plus diverses. Tout le monde semble y apporter beaucoup d'entrain et de vie et l'aspect général est celui d'une véritable ville au milieu du désert. L'oasis d'ailleurs compte quarante-cinq mille palmiers et mille quatre cents maisons ; la plupart de celles-ci sont relativement élevées (plusieurs ont un étage sur rez-de-chaussée), très bien bâties et ornées à l'intérieur de colonnes de grès ou de marbre, extraites des carrières qui sont tout près, sur la rive droite de l'Oued-Djeddi ; chacune des maisons est entourée d'un jardin de palmiers fermé par des murs assez hauts. Les puits sont extrêmement nombreux et l'eau s'y trouve à peu de profondeur ; ici ce sont des mulets ou des chameaux faisant tourner une noria ; là ce sont des animaux ou des femmes ou des enfants tirant une corde qui s'enroule et se déroule sur un treuil. Même autrefois le gouvernement français avait procuré à l'oasis une quarantaine de pompes aspirantes et foulantes ; mais les indigènes ne surent pas les réparer lorsqu'il était nécessaire et une seule aujourd'hui est encore en usage, d'ailleurs en très mauvais état. Tandis que les femmes et les enfants travaillent à amener l'eau à la surface, les hommes vivent en grands seigneurs, respirant le frais dans les jardins et causant sous l'ombrage des palmiers et des figuiers ; leur seul travail est d'aller au dehors vendre leurs dattes.

Les environs des Ouled-Djellal ne manquent pas de choses dignes d'être vues ; c'est d'abord l'Oued-Djeddi, qui passe au sud de la ville et a environ un kilomètre de large ; le lit est presque toujours encombré par les pierres et sans une goutte d'eau, mais en quelques années exceptionnelles il s'emplit tout d'un coup et coule à pleins bords; on l'a vu même franchir ses deux rives, inonder la plaine et emporter dans son cours torrentueux des centaines de palmiers. Sur sa rive droite, on remarque une curieuse carrière de marbre que les indigènes exploitent sans trop de maladresse et, à deux kilomètres vers l'Ouest, l'oasis de Sidi-Khaled. Elle compte vingt mille palmiers, est grande et animée, presque autant que sa voisine, avec qui jadis elle était souvent en lutte, et a plusieurs mosquées. La plus grande est surmontée d'un minaret élevé, au sommet duquel on arrive par un escalier tortueux d'une quarantaine de marches et d'où on découvre une très belle vue sur la plaine; dans l'Est, ce sont les Ouled-Djellal et la plaine qui les sépare des Ziban; au Sud, les dunes; au Nord, les montagnes; dans le lointain et à l'Ouest, le Désert presque à l'infini, un pays aride et inhabité qui s'étend à six jours de marche sans trace de vie humaine jusqu'aux ksour qui avoisinent Laghouat.

Revenons maintenant à Biskra, la capitale des Ziban et de toute la partie orientale du Sahara algérien. C'est là que s'organisent la plupart des caravanes qui vont vers le Sud, là que viennent s'approvisionner les tribus nomades. Aujourd'hui que le chemin de fer circule à l'entrée de l'oasis, elle ne peut manquer de prospérer encore davantage, de devenir une charmante station d'hiver et la tête d'une des lignes ferrées qui dans l'avenir pénètreront le Sahara. Déjà un service de voitures mène à 210 kilomètres plus au Sud, à l'oasis de Touggourt, capitale de l'Oued-R'ir; c'est cette route que nous allons suivre; la voiture fait le voyage en deux jours, les caravanes en quatre étapes.

Au sortir de Biskra, après avoir longé le village nègre et les villages indigènes épars dans l'oasis, on entre dans la plaine sablonneuse de Saada:

là, en 1844, il y avait une forêt et pour la conserver on organisa même un service forestier. Cela ne l'a pas empêchée de disparaître et il n'en reste plus comme traces que des troncs et racines d'arbrisseaux, autour desquels le sable retenu a formé de petits monticules. La plaine de Saada s'arrête à l'Oued-Djeddi, la grande rivière qui coule comme dans un fossé au pied de l'Atlas saharien, dans la direction de l'Ouest à l'Est, et va se perdre dans la dépression des chotts. Dans son large lit, encombré de cailloux, il y a quelquefois de l'eau en abondance l'hiver; mais le plus souvent il n'y en a pas une goutte à la surface; tout s'est écoulé dans le bas-fond des chotts ou s'est infiltré sous les graviers et le sable. Même alors il y a quelque végétation qui persiste et des pâturages assez bons pour les moutons et les chameaux. Aussi voit-on presque toujours dans le lit de l'Oued-Djeddi les tentes brunes rayées de noir des campements de nomades. Sur les bords, sur une éminence se dresse le bordj de Saada. Un bordj consiste presque toujours en une enceinte crénelée, de forme carrée, avec de petits bastionnets aux angles; à l'intérieur une cour sur laquelle s'ouvrent un certain nombre de chambres pour les voyageurs et des écuries. Quelquefois il y a un petit nombre de soldats irréguliers, indigènes ou goumiers, le plus souvent un simple gardien. Placés près des points d'eau et échelonnés d'étape en étape, les bordjs, asiles des voyageurs en temps de paix, deviennent en temps de guerre des postes d'observation. Dans la première journée de marche au sud de Biskra, on peut assez facilement s'arrêter vers midi au bordj de Saada et pousser le soir jusqu'à celui de Chegga. Il fut, comme presque tous ceux de la région, construit par les ordres du général Desvaux en 1855; on creusa près de là un puits, et les nomades d'une petite tribu y vinrent planter des palmiers et parurent sur le point d'adopter la vie sédentaire. Mais Chegga manque d'eau; malgré le creusement d'un deuxième puits, on n'a pu alimenter que deux cents palmiers environ, au milieu d'un sol chargé de sels de magnésie et blanc comme la neige; la tribu continue à vivre nomade dans les alentours.

Dans la seconde journée de marche on rencontre d'abord le lit desséché d'un oued, l'Oued-Ittel, qui ne va que rarement atteindre la dépression des chotts; il suffit d'y creuser le sable à quelques centimètres pour qu'une bonne eau vienne à sourdre; de nombreux *trous* pratiqués par les voyageurs sont ce qu'on appelle les puits de Zettil. Dans l'après-midi, on gravit une faible rampe de hauteurs crétacées qui court de l'Ouest à l'Est, perpendiculairement à la route : c'est le Kef-el-Dohr, le rocher du tourne-bride. On dit qu'au VIIe siècle Okba, qui venait de conquérir la Tunisie et l'Algérie, arriva sur cette crête avec ses cavaliers rapides. De là ils voyaient vers l'Ouest le sol aride et brillant des chotts, vers le Sud l'immensité sablonneuse où sont éparses comme quelques points noirs les oasis de l'Oued-R'ir. Le pays parut si désolé à ces conquérants avides qu'ils ne voulurent pas s'y aventurer, et Okba donna l'ordre de tourner bride, d'où le nom de Kef-el-Dohr, donné à cette chaîne de collines qu'ils avaient gravie.

Les indigènes désignent sous le nom d'Oued-R'ir une bande étroite de bas-fonds, qui se succèdent depuis le chott Mel'rir jusqu'à une centaine de kilomètres plus au Sud; ces bas-fonds sont allongés dans le sens du Nord au Sud, séparés les uns des autres par des seuils à peine visibles à l'œil et comme étagés les uns au-dessus des autres, depuis les bords du chott qui sont à une quarantaine de mètres *au-dessous* du niveau de la mer, jusqu'à Touggourt qui se trouve à une altitude de 70 mètres au-dessus du niveau de la mer. La ligne des bas-fonds est nettement limitée à l'Est et à l'Ouest par de faibles escarpements; ce sont les berges de l'ancien fleuve qui amenait aux chotts les eaux de l'Igharghar et de l'Oued

MOSQUÉE DE SIDI-M'CID, A BISKRA

Mya; dans son lit desséché et large d'une vingtaine de kilomètres en moyenne, de nombreuses petites sebkas dans les bas-fonds sont en certaines saisons couvertes d'eau et en d'autres couvertes de sel; dans ce même lit sont échelonnées quarante-trois oasis de palmiers.

Il ne faudrait pas imaginer que ces oasis doivent leur existence à la présence des chotts, témoins arides du cours de l'ancien fleuve; ce qui leur a donné naissance, ce qui entretient leurs forêts de palmiers au milieu des sables du Sahara, c'est l'eau versée à longs flots par des puits innombrables, c'est l'eau artésienne amenée des profondeurs du sous-sol à la surface. Les eaux qui tombent sur les Hauts-Plateaux et sur les flancs de l'Atlas saharien, pénètrent et filtrent à travers le sol, acquièrent de la pression, courent à travers certaines cavités et forment une sorte de fleuve souterrain coulant du Nord au Sud, dans une direction opposée à celle de l'ancien Oued-R'ir de la surface, avec des affluents nombreux, une largeur et une profondeur variables. Ce fleuve, en certains endroits, fait jaillir ses eaux jusqu'à la surface du sol; on dirait de petits volcans d'eau qui, s'épanchant, forment des lacs que les indigènes appellent *bahar* (au pluriel, *behour*), mares ou mers, et *chria*. Ce furent ces émergences naturelles de l'eau qui révélèrent aux gens du pays l'existence de masses liquides dans les profondeurs du sol; à une époque reculée, mais sur laquelle l'histoire est malheureusement muette, ils imaginèrent de creuser des trous profonds pour aller chercher le précieux élément, qui dans les pays du soleil est la première condition de la vie. Les puits artésiens étaient inventés, non pas comme on l'a cru, dans notre pays d'Artois et à une époque moderne, mais dès une haute antiquité et dans les régions désertiques [1].

1. Il se peut d'ailleurs que l'invention des puits artésiens ne soit pas due aux Berbères de l'Oued-R'ir, et que leurs ancêtres l'aient reçue de l'Égypte, où il y en a d'extrêmement anciens.

Ce n'était pas une œuvre facile que celle d'amener les eaux à la surface. Il fallait d'abord creuser dans le sol un trou carré de 3 à 4 mètres de largeur et jusqu'à une profondeur de 8 à 10 mètres; là on rencontrait le plus souvent des nappes jaillissantes d'une eau saumâtre, appelée *el-ma-fessed*, l'eau mauvaise. Il fallait l'épuiser avec des outres en peau de bouc, et les habitants de tout un village, malgré un travail assidu, souvent n'y parvenaient pas; alors on abandonnait l'entreprise; le travail était perdu et on recommençait à quelque distance. Si, au contraire, on parvenait à vider l'excavation, on faisait un boisage en troncs de palmiers fendus dans la longueur et formant un cadre grossier, et on le prolongeait dans toutes les parties sujettes aux éboulements des terres La première portion du boisage effectuée, on établissait sur l'ouverture du puits un échafaudage avec un treuil, de travail très primitif, sur leque s'enroulaient deux cordes. Alors les ouvriers appelés *meallem*, les savants continuent dans la profondeur obscure à foncer le puits au moyen d'une petite pioche à manche court; des couffins ou paniers suspendus à la corde remontent les déblais; souvent dans le fonçage on rencontre de nouvelles nappes d'eau qu'on ne parvient pas à épuiser ou bien des roches extrêmement dures que l'ouvrier ne peut percer; alors encore le travail es perdu. Dans les cas heureux, on arrive, à une profondeur qui varie entre 28 et 80 mètres, à une couche mince de calcaire gypso-siliceux, qui recouvre partout la nappe aquifère. L'eau est proche : alors les habitant avertis s'assemblent; ils discutent la *dia*, c'est-à-dire le prix du sang du meallem qui percera la roche et qui a grande chance de périr, roulé e asphyxié par le torrent d'eau qui jaillira brusquement; c'est ordinairement une somme de 400 à 800 francs qu'on convient de payer à sa famille. Quand enfin le dernier coup de pioche a été heureusement donné quand la puissante gerbe d'eau a jailli hors du puits et s'est répandue en rivière dans un canal préparé près de l'orifice, c'est un jour d'enthousiasme et de fête pour l'oasis dont la richesse va doubler.

L'opération, même quand on est parvenu à briser la roche qui recouvre la nappe, n'est pas toujours aussi heureuse; l'eau souterraine ne monte pas toujours jusqu'à l'orifice ; il se produit des ensablements qui arrêtent le débit de la source; il faut entretenir le puits en bon état. Ces divers travaux sont l'œuvre des *r'tassin* ou plongeurs; comme les meallem, ils forment une corporation honorée et qui jouit de maint privilège. A jeun, entièrement nus, les oreilles et la bouche emplies de laine et de graisse de chèvre, après s'être chauffés près d'un grand feu, ils plongent dans l'eau et pendant deux à trois minutes curent le puits et remontent avec un couffin qui contient dix litres environ de sable; des camarades le saisissent à la sortie du puits, l'embrassent et le conduisent près d'un grand feu. Quatre ou cinq fois par jour les r'tassin plongent, entre neuf heures et trois heures, et chaque plongeon leur est payé 25 centimes. A ce dur métier, plus dur que celui des pêcheurs de perles du golfe Persique, les r'tassin s'épuisent vite; la plupart sont emportés de bonne heure par la phtisie et par l'abus du kif, dans lequel ils cherchent une consolation et un reconfort; les plus vigoureux et les plus sobres sont vieux avant l'âge, atteints de surdité. En 1856, quand les Français commencèrent à s'occuper de l'Oued-R'ir, la corporation des r'tassin et des meallem ne comprenait plus qu'un petit nombre de membres; on avait renoncé à creuser de nouveaux puits et on ne pouvait plus même entretenir ceux de la plus grande partie de la région; à Touggourt seulement, où le travail était facile, on continuait encore à remplacer les puits éteints. Le chef de la corporation était atteint de surdité et de cécité complètes. « Il guidait ses élèves par instinct, nous dit un de ceux qui l'ont connu, M. Jus, leur donnait des renseignements précis pour percer la couche de la mer souterraine et ne cessait de répéter : « Nos enfants se ramollissent et craignent le danger. Si Dieu, le possesseur des miracles, ne vient pas à « notre aide, dans dix ans l'Oued-R'ir sera abandonné et enseveli « sous les sables. »

Le pays dépérissait en effet à vue d'œil. Les puits des oasis de M'raier, Sidi-Sliman, Ourlana, Bram, El-Harihira, Moggar, Tiquedidin avaient donné naissance à de vastes behour empestés; El-Berd, Sidi-Rached, faute d'eau, allaient être ensevelies sous les sables; Tamerna, « la Belle », n'avait plus que quelques litres d'eau et ses palmiers se desséchaient. Le général Desvaux, en 1854, témoin de cette mort rapide d'une région si riche, songea aussitôt à lui rendre la vie en faisant creuser par les procédés européens des puits d'un débit plus assuré et d'un entretien plus facile; la disparition des puits ne tenait en effet qu'à la faiblesse des moyens d'entretien et de curage dont disposaient les r'tassin. A son appel l'ingénieur Laurent, de la maison Degousée et Laurent, qui avait opéré d'importants sondages dans la Haute-Égypte, vint visiter l'Oued-R'ir et étudier sur place l'organisation qu'il fallait donner au matériel et à l'équipe de sondage, en décembre 1855. Quatre mois après, un matériel suffisant était débarqué à Philippeville et transporté à grand'peine jusqu'à l'Oued-R'ir; l'ingénieur Jus était chargé de diriger les opérations et avait pour équipe un détachement du 3e régiment de la légion étrangère. Il décida de faire le premier sondage à l'oasis de Tamerna, si menacée, et les travaux commencèrent le 17 mai 1856.

L'administration n'était pas sans quelque inquiétude et quelque doute du succès; des sondages faits sur plusieurs points du Tell n'avaient pas abouti, et à Biskra même, après deux années de travail, on avait dû abandonner un forage poussé à plus de 83 mètres de profondeur. Les indigènes à peine soumis, méfiants à notre égard, regardaient avec stupeur nos préparatifs, notre treuil, l'étroite ouverture de notre puits, notre sonde si longue et si mince, les tubes de fonte étendus sur le sol et destinés à tenir lieu de leur grossier coffrage. Ils étaient incrédules; les r'tassin, incapables de comprendre la supériorité de nos procédés sur les leurs,

PUITS ARTÉSIEN

prédisaient un insuccès et eussent été heureux de nous voir échouer où ils n'avaient pas réussi. L'ingénieur et les soldats même, piqués d'amour-propre, travaillaient avec une incroyable ardeur, entourés de flaques d'eau saumâtre provenant du puits, sous une température de feu qui s'élevait parfois à l'ombre à plus de 40 degrés.

Au vingtième jour, comme la sonde ramena des indices qu'on approchait de la nappe d'eau, l'ardeur augmenta; l'appareil ne cessa pas de fonctionner une minute, de jour et de nuit; enfin le 9 mai, à trois heures de l'après-midi, après plusieurs incidents qui avaient tour à tour ranimé et abattu les espérances, la tige de la sonde s'enfonça tout à coup comme si elle s'était brisée ou comme si elle avait disparu dans le vide : quelques minutes après, des secousses violentes apprirent que l'eau montait avec force : elle déborda bientôt du tube en gerbe qui augmenta de volume d'instant en instant, et pour l'écoulement de laquelle il fallut creuser deux larges canaux. Les indigènes étaient dans une stupéfaction qui fit place assez vite à une joie délirante ; ils buvaient avec avidité cette eau saumâtre, sacrifiaient, selon l'usage, une chèvre à l'orifice du puits ; leur nombre s'accrut avec une rapidité merveilleuse ; une foule enthousiaste, priait, chantait des versets du Coran, félicitait les Français ; le soir, une immense diffa de couscouss fut offerte aux travailleurs ; les musiques de Touggourt et de Temacin, où la nouvelle était parvenue avec une rapidité invraisemblable, arrivèrent et une partie de la nuit se passa en danses et chants. Le lendemain, de toutes les oasis de l'Oued-R'ir, même les plus éloignées, on vint voir cette source merveilleuse qui donnait à la minute plus de 4,000 litres d'une eau limpide et que les indigènes appelèrent la *Fontaine de la paix*.

Les incertitudes, les doutes, les préjugés s'étaient d'un coup dissipés ; en 1857, sous l'habile et vaillante direction de l'ingénieur Jus et du sous-lieutenant Lehaut, nos braves soldats du 99e de ligne creusèrent les puits de Temacin, de Tamelhat, de Sidi-Rached, dont le succès donna lieu à des scènes semblables à celles qui s'étaient produites à Tamerna ; toutes les oasis sollicitaient avec instance pour que nos soldats vinssent travailler à leurs puits. En 1857-1858, ce fut le tour de celles d'El-Kessour, de Sidi-Sliman, de Bram ; en 1858-1859, de Sidi-Khelil, de Nza-ben-Rzig, de Sidi-Amran, de Djama, de El-Hahihira, d'Aïn-Rfian ; en 1859-1860, d'Oum-el-Thiour, d'Ourlana, de Touggourt. Le général Desvaux pouvait dire alors avec une entière vérité : « Les oasis de l'Oued-R'ir se sont relevées de leurs ruines; des fontaines, des villages ont surgi du milieu

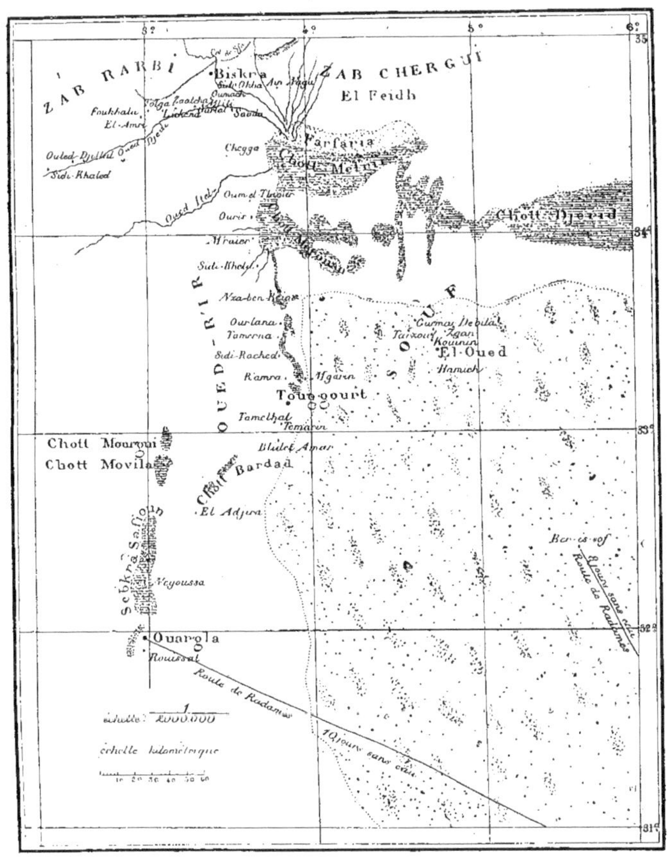

CARTE DE L'OUED-R'IR ET DU SOUF

du Désert. La confiance est devenue si générale, si complète, que les indigènes, certains de jouir des fruits de leur travail, se livrent avec ardeur à de nouveaux sondages, plantent des palmiers et reconstruisent leurs habitations; les tribus de la province viennent y commercer isolément et par caravanes, n'ayant plus à redouter les accidents d'autrefois. »

Nous ne poursuivrons pas dans le détail l'histoire de ces campagnes pacifiques si fécondes, mais il nous faut du moins mentionner les noms du général Perrigot et du général de Lacroix, qui poursuivirent avec énergie l'œuvre de leur glorieux prédécesseur Desvaux; il nous faut citer aussi ceux du sous-lieutenant Lehaut, mort à la tâche en 1860, du sergent de tirailleurs Dhem, des lieutenants Zichkel, Picquot, de Lillo, du lieutenant Bourot, mort aussi dans l'accomplissement de sa rude besogne, du lieutenant Clottu et de bien autres. Ajoutons qu'après le 3e régiment de la légion étrangère et le 99e de ligne, le 3e bataillon d'infanterie légère et le 3e zouaves ont fourni les équipes de travailleurs et ont payé de bien des morts le grand service qu'ils ont rendu à ce pays. Quant au vieux sondeur du Sud, l'ingénieur Jus, dont le nom est vénéré des populations sahariennes, après avoir sans interruption de 1856 à 1885 pris la part principale à ces mémorables travaux, il en est, depuis lors, le directeur honoraire, le conseiller expérimenté et respecté de ceux qui continuent cette belle tâche.

Quelques chiffres maintenant diront plus éloquemment que toute phrase les progrès accomplis. En 1856, la population de l'Oued-R'ir n'était que de 6,772 habitants, elle est aujourd'hui de 13,302, c'est-à-dire qu'elle a presque doublé; le nombre des maisons et bordjs s'est élevé de 2,400 à 3,002, celui des oasis de 33 à 42, celui des palmiers de 359,300 à 630,520, celui des litres d'eau par minute de tous les puits de 52,767 à 308,729.

Ce dernier chiffre est surtout frappant; augmenter l'eau dans les oasis, c'est augmenter dans la même proportion leur puissance productive en produits végétaux et, par suite, en vies humaines. Nul doute que les générations à venir ne recueillent de l'œuvre de Desvaux et de Jus des avantages infiniment plus grands que les résultats actuels, déjà si surprenants, puisque la valeur du capital représenté par les oasis et évalué en francs a déjà monté de 2 millions à 10 millions.

Chose à noter aussi ; ce ne sont pas seulement les indigènes qui ont étendu de jour en jour leurs oasis, les Français eux-mêmes ont tenté la colonisation de l'Oued-R'ir. En 1881, MM. Fau et Foureau, dont nous avons déjà mentionné les propriétés dans le Zab-Guebli, faisaient forer un puits et plantaient 7,500 palmiers dans l'oasis de Chria-Saïah. La même année, M. Rolland, qui avait fait partie l'année précédente de la mission Choisy et qui avait été vivement frappé de la richesse de l'Oued-R'ir, fondait avec un ancien officier de l'armée d'Afrique, M. de Courcival, la Société agricole de Batna et du Sud algérien ; en cinq ans, cette Société dépensa près de 500,000 francs, créa de toutes pièces trois oasis et trois villages : Ourir, Coudiat-Sidi-Yahia et Ayata, fit forer sept puits dont le débit total atteint 21 mètres cubes d'eau par minute, planta plus de 50,000 palmiers des espèces les meilleures, creusa 40 kilomètres de fossés d'écoulement et mit en valeur plus de 400 hectares de sables autrefois stériles.

Ce qui est peut-être plus remarquable encore que ces résultats matériels, c'est la transformation qui s'est opérée dans l'état social des indigènes. Les habitants des oasis sont d'une race particulière, métis de Berbères et de noirs, appelés Rouarha ; leur couleur est souvent aussi foncée que celle des nègres, mais ils n'en ont pas le nez épaté et les cheveux crépus ; par les caractères anthropologiques comme par la langue, ce sont des Berbères ; mais leurs fréquentes alliances avec les nègres et une sorte de sélection naturelle, qui s'est faite à travers les siècles, les a rendus réfractaires aux miasmes paludéens qu'engendre l'eau stagnante de diverses oasis. Ils sont laborieux, gens pacifiques e calmes, qui n'ont pris aucune part aux diverses insurrections, même à celle de 1871; quand ils rencontrent des Européens sur leur route, ils les saluent d'une façon militaire, habitude qu'ils avaient contractée au temps du général Desvaux et que les anciens n'ont pas encore perdue. Avant l'occupation française, ils étaient dominés par les tribus nomades, et, obligés de vendre à celles-ci leurs dattes et de leur acheter les produits du Tell, ils étaient devenus leurs débiteurs insolvables et comme leurs vassaux. Aujourd'hui, grâce au développement de leurs oasis, ils se sont presque tous libérés, et les uns gagnent leur vie comme travailleurs libres dans les oasis créées par nous et les autres sont propriétaires de palmiers.

Maintenant que nous avons exposé dans leurs traits généraux la physionomie et l'histoire de l'Oued-R'ir, mentionnons les principales oasis qu'on rencontre sur la route de Biskra à Touggourt. C'est d'abord Ourir, une oasis qui, il y a dix ans, était sur le point d'être abandonnée; l'eau s'y faisait chaque jour plus rare, les sables l'envahissaient et les palmiers, jaunissant, dépérissaient à vue d'œil. Les habitants, misérables et découragés, allaient chercher ailleurs quelque pénible et incertain moyen d'existence. La Société agricole de Batna, dont M. Jus était le conseil, l'acheta pour 20,000 francs environ, y fit creuser un beau puits qui donne plus de 3,000 litres par minute, y fit élever sur des plans à la fois simples et grands un bordj par un maçon arabe de Biskra aidé d'ouvriers indigènes et l'oasis est comme ressuscitée. Les 1,700 vieux palmiers ont repris vigueur et verdure; d'autres jeunes plantations, déjà très productives, ont été faites à côté et l'oasis a sûrement décuplé de valeur. Les anciens habitants sont revenus et le travail fait vivre dans l'aisance toute la population; même le marabout Sidi-Makfi, qui avait émigré, est venu reprendre possession de son ancien tombeau. Ce tombeau de Sidi-Makfi était un petit monument en toubs et en pierres, blanchi à la chaux, et que décoraient quatre pointes aux angles de la terrasse supportant le petit dôme; là venaient, à certaines époques de l'année, des pèlerins de tout l'Oued-R'ir apporter leurs offrandes, déposer sur le tombeau du saint des œufs d'autruche, des pièces d'étoffes, des drapeaux. Le dépérissement de l'oasis fit croire aux habitants que Sidi-Makfi n'était pas content de recevoir là leurs hommages, qu'il voulait être honoré ailleurs et on lui éleva une autre koubba dans une autre localité de l'Oued-R'ir; le marabout d'Ourir n'eut dès lors la visite d'aucun de ses anciens dévots. M. Jus, qui venait de faire achever le bordj, près du marabout, voulut rendre à celui-ci sa faveur d'autrefois. Il imagina que Sidi-Makfi lui était apparu la nuit pour se plaindre de l'abandon où on le laissait et lui avait dit: « Puisque mes fidèles me quittent et n'entretiennent plus mon marabout, c'est aux Français maintenant que je me confie et c'est à toi de faire rebâtir ma chapelle. » Les indigènes écoutaient sans incrédulité l'homme vénéré qui leur racontait son rêve, et lui ajoutait qu'ayant promis au saint de reconstruire le marabout, il tiendrait sa promesse; un vieux petit nègre, à tête et barbe blanches, fit remarquer que Sidi-Makfi avait dû venir en personne à Ourir, car le matin il venait de voir se glisser dans les branches de sa cabane un serpent vert, l'indice certain de la présence réelle du génie de l'endroit.

D'Ourir on aperçoit, très près, les petites oasis de Msiega et de N'sira et au Sud, à deux lieues environ, une beaucoup plus grande, M'raier; c'est une véritable petite ville avec de nombreuses maisonnettes en terre, entre lesquelles serpentent des ruelles, encombrées d'immondices; deux grandes mares d'eau, formées par des nappes qui n'ont pas assez de force pour jaillir, empestent l'atmosphère et causent, l'été, des fièvres redoutables; la population, assez chétive et malpropre, n'est pourtant point misérable et il y a plus de 50,000 palmiers. Alentour, l'oasis, où plusieurs puits artésiens ont été creusés par les Français, s'étend en jardins nouveaux. Près de là, un bordj est une véritable forteresse.

De M'raier à Sidi-Khelil, qui est à environ 4 lieues, le pays qu'on traverse est une plaine où le sable et le calcaire alternent, avec des lamelles brillantes de gypse parsemées çà et là. En trois endroits jaillissent de petites sources, autour desquelles l'humidité a fixé les sables; ils ont formé des monticules sur lesquels un bouquet de palmiers sauvages balance ses troncs élancés. Sidi-Khelil est une oasis petite et pauvre, ayant à peine 3,000 palmiers alimentés par des mares et par des puits artésiens d'un faible débit, car ils sont en dehors du cours souterrain de l'Oued-R'ir. Plus au Sud, l'horizon est partout parsemé de petites oasis séparées à peine par quelques kilomètres l'une de l'autre : Mazer, N'zaben-R'zig, Tenedla, El-Berd, Zaouiet-er-Rihab, Sidi-Amran et enfin la grande et belle oasis d'Ourlana. Là encore il y a comme une petite ville, et, sur un des puits artésiens, un petit monument consacré à la mémoire du lieutenant Lehaut, mort des fièvres contractées au dur travail des forages. Un bordj monumental s'élève près de là sur une colline, construit par Ben-Driss, ancien officier de spahis, qui fut quelques années notre agha de Touggourt; auprès du bordj, un magnifique puits artésien, l'Aïn-Ben-Driss, alimente de ses 3,000 litres par minute de vastes plantations de palmiers, de cotonniers et de légumes. Au sud d'Ourlana, s'étend un autre chapelet d'oasis, les deux Tamerna et Sidi-Rached, que les sables menacent et ont déjà en partie envahies, Sidi-Amran, Sliman, Sidi-Bram, Ramra, à droite ou à gauche de la route qui mène à Touggourt; là aussi se voit la plaine unie, parsemée l'hiver de quelques flaques d'eau salée, le chott Megharin, où nos troupes livrèrent en 1854 un glorieux combat, qui amena la soumission de tout le pays. Puis, après avoir parcouru une région sablonneuse et plus aride, on atteint Touggourt, « la reine des oasis de l'Oued-R'ir », qui étale sur les bords du chott Ghemora ses cinq cent mille palmiers.

De loin, la ville est signalée par les hauts minarets de deux de ses

TOUGGOURT

mosquées et par les koubbas ou dômes d'une dizaine d'autres. Une enceinte assez régulière l'entoure, jadis bordée d'un fossé plein d'une eau fangeuse et nauséabonde, que l'agha Ben-Driss a fait dessécher et planter d'arbres. Quand on y a pénétré, on se trouve sur une grande place irrégulière, bordée d'un côté par des maisons, dont les toitures reposent sur de grossières arcades ; à un angle se dresse la Casbah, véritable forteresse qui renferme la demeure de l'agha et une caserne pour la garnison de tirailleurs indigènes, caserne qui est entourée d'un mur bastionné et crénelé; derrière la maison de l'agha s'ouvre un jardin qui est un fouillis de cotonniers, de ricins et même de grands et beaux arbres. A l'ouest de cette place sont les mille maisonnettes de la ville, semées assez irrégulièrement et séparées par des ruelles tortueuses et étroites; la plupart sont construites en toubs ou en calcaire jaune du pays et sont couvertes de terrasses, où l'on va le soir respirer un peu d'air frais; quelques-unes ont un étage et ressemblent assez à des maisons européennes. L'oasis, qui s'étend sur 8 kilomètres du Nord au Sud, avec une largeur moyenne de 1 à 2 kilomètres, a de l'eau en abondance, fournie par quatre cents puits forés par les indigènes. Cette abondance de l'eau, et surtout la présence de plusieurs mares ou behour, rendent le séjour de Touggourt dangereux l'été pour les hommes de race blanche : alors sévit le *thems*, sorte de fièvre pernicieuse, dont la crainte fait fuir les Arabes; ils vont pendant quelques mois camper à une assez grande distance, sur les dunes salubres et qui ont la nuit une fraîcheur relative.

La population de Touggourt présente toutes les nuances de la peau, depuis le blanc le plus pur jusqu'au noir le plus foncé. Le nombre des noirs venus du Soudan est assez restreint et va diminuant, depuis que la cessation du trafic des esclaves empêche les caravanes d'amener ici leur contingent d'autrefois. La plupart des habitants paraissent être de cette race saharienne que l'on appelle Rouarha et qui a la couleur pain d'épice, le nez gros sans être épaté, les lèvres épaisses mais non allongées comme celles des nègres, les cheveux crépus sans être laineux. Il y a de plus un assez grand nombre d'Arabes et de Berbères intimement mélangés et qui ont du sang nègre dans les veines. Certaines tribus vivent nomades aux environs de Touggourt, où elles ne viennent que lors de la récolte des dattes, comme les F'taiet, qui remontent jusqu'aux pâturages du Tell, comme les Oulad-Moulat, qui étaient jadis les makhzen, c'est-à-dire les soldats irréguliers des sultans de Touggourt; enfin, des fractions de la grande tribu des Oulad-Nayl viennent de temps à autre camper sur une colline voisine de la ville, qu'on appelle du nom caractéristique de Montagne des Poux.

Ajoutons que dans la ville habitent des individus de race juive, convertis par force à l'islamisme et qu'on appelle Mehadjeria; ils vivent dans un quartier distinct, ne se marient qu'entre eux et sont isolés et méprisés des autres habitants.

La population de Touggourt, qui est d'environ 5,000 individus, formait jadis un État presque indépendant dont les chefs, les Ben-Djellab, s'appelaient orgueilleusement Sultans; on voit leurs tombeaux, petits monuments carrés d'une certaine élégance, un peu avant d'entrer dans la ville. Le dernier d'entre eux, célèbre par son ivrognerie, ses débauches et ses crimes, avait fait peser un lourd despotisme sur tout le pays, quand il fut vaincu par nos troupes en 1854, au combat de M'garin; il s'enfuit en Tunisie, d'où bientôt expulsé il dut chercher un refuge au Maroc, où il mourut dans l'abrutissement et la décrépitude. A la place de ces sultans, l'administration française a placé à Touggourt des aghas pour gouverner l'Oued-R'ir et le Souf et y percevoir les impôts; quelques-uns ont été célèbres, Ali-Bey, puis Ben-Driss, puis le vertueux et honnête Si-Ismaïl, le seul peut-être qui ait toujours rendu une exacte justice et n'ait jamais pressuré, ou, comme on dit, *mangé* ses administrés. Ces grands chefs du Sud, qui ont pour traitement le dixième des impôts de leur circonscription, soit une quarantaine de mille francs, sont des personnages considérables, amis de la représentation et du luxe, ayant de nombreux cavaliers à leur service ou *deiras* et même une musique qui joue deux fois par jour dans une des cours de leur résidence: cette coutume traditionnelle leur donne encore quelque chose du prestige et de l'allure des anciens petits sultans.

A quelque dix kilomètres au sud de Touggourt, en suivant la sebkra Chemora, lac profond aux eaux bleues qu'animent des troupes d'oiseaux aquatiques, et après avoir traversé une plaine sablonneuse où l'on remarque encore les vestiges d'une forêt de palmiers qui joignait autrefois sans interruption la ville de Touggourt à celle de Temacin, on voit se dresser celle-ci dans une position hardie et pittoresque, semblable de tout point à une ville forte du moyen âge. Elle s'étage sur une colline avec une centaine de maisons en toubs, dominées par des koubbas et des minarets; une forte enceinte l'entoure avec un fossé toujours rempli d'eau[1]. Après l'avoir traversée ou contournée, on entre immédiatement dans une autre cité, Tamelhat, la ville sainte de l'ordre des Tedjini. Elle est enveloppée d'un mur en terre, bastionné aux angles et percé d'étroites meurtrières. Une rue unique la traverse et mène à ses dix koubbas aux dômes éclatants. Le long des maisons qui bordent la rue, des bancs d'argile sont placés, où viennent s'asseoir et causer les habitants et les visiteurs. Plus avant, à droite, est la grande zaouia; à gauche, la résidence des chefs de l'ordre. La zaouia est une construction élégante, haute et vaste, avec un dôme léger; à l'intérieur, où reposent les ossements de l'ancêtre des Tedjini, les murs disparaissent sous les ciselures et les arabesques de la pierre, sous les étendards verts et multicolores, sous les ex-voto de tout

1. « Qu'on se figure, dit un voyageur, au milieu du Désert, une ville coquette, arrosée par de nombreuses sources, sur le rivage d'un lac que borde une végétation luxuriante et variée, des toits blancs superposés en gradins et dominant un lac; des ruelles étroites, circulant en tous sens au milieu des jardins en fleurs, clos de murailles peu élevées, au-dessus desquelles les abricotiers, les cerisiers, les grenadiers élèvent leurs têtes blanches ou rouges, en répandant dans l'air un parfum délicieux; le long des arbres et des murs la vigne serpente à l'ombre des palmiers qui protègent toute cette végétation contre les rayons trop ardents du soleil. » Brosselard, *Voyage de la mission Flatters*. Paris, 1882, in-18.

genre; des vitraux jettent sur tout cela une lumière douce et colorée. Dans la résidence qui est en face, on remarque surtout une immense salle de réception, recouverte d'un dôme et tapissée de tentures merveil-euses de tous les pays. Dans cette ville sainte, qui rappelle nos grandes abbayes du moyen âge, s'agite une nombreuse population: des servi-eurs de la zaouia, arabes ou nègres, des pèlerins venus de toutes les parties du Sahara et même du Tell, des inconnus pauvres ou criminels qui trouvent ici un asile inviolable, des *mokhadem* ou dignitaires de 'ordre qui vont porter les paroles du grand maître aux fidèles épars dans le monde ou qui reviennent chargés des riches présents qu'on offre aux marabouts. Ceux-ci sont au nombre de deux : Si-Mohammed-S'rir, e chef religieux, au regard extatique, enfoncé dans le mysticisme, vivant dans la prière et la méditation, rarement visible, sauf pour dire la prière en public et Si-Maammar, son frère cadet, âgé d'une soixantaine d'années t qui a du sang noir dans les veines. Une figure peu régulière, mais ieuse, ouverte et intelligente, un corps massif et puissant distinguent celui-ci, qui s'occupe des choses temporelles de l'ordre, des finances, le la diplomatie, homme tolérant et habile, qui a su toujours se con-ilier l'amitié des Français. L'ordre des Tedjini, qui prescrit le renonce-ment et la pauvreté, nous est moins hostile que les autres ordres reli-gieux de l'islamisme, et a de nombreux adeptes dans tout le Sahara; même un chef de Touareg, Si-Othman, fonda vers 1860 une zaouia de eur ordre en plein désert, qu'il appela la petite Temacin ou Temassinine; une autre grande zaouia existe à Guemar, dans le Souf. Quand la mission Flatters alla pour la seconde fois explorer le Sahara, elle était accom-pagnée par un mokhadem de l'ordre des Tedjini; mais les Touareg, oin de lui montrer le respect qu'ils témoignaient habituellement aux dignitaires religieux de Temacin, lui fendirent le ventre d'un coup de sabre. Il se peut que la propagande active de l'ordre de Senoussi ait supplanté l'influence autrefois réelle des Tedjini.

Au sud de Temacin, la vallée de l'Oued-R'ir se poursuit encore pendant une vingtaine de kilomètres, marquée d'abord par une grande sebkhra qui est l'hiver souvent inondée. Sur les bords touffus croissent de hauts palmiers : c'est l'oasis de Blidet-Amar ; on peut dire qu'elle est la dernière de l'Oued-R'ir. Au delà commence le désert de sable à travers lequel passe la route de Touggourt à Ouargla ; cette ville est la dernière grande oasis qu'il y ait de ce côté du Sahara algérien, et, bien que relevant administrativement du département d'Alger, elle est en réalité dans le prolongement direct du département de Constantine et de la voie orientale du Désert. Sur la route, dont le parcours exige trois fortes étapes, on rencontre quelques collines peu marquées, le puits d'El-Mouila à l'eau abondante mais saumâtre, puis le chott Bagdad sur les bords duquel s'élevait jadis, dit la légende, une ville aussi prospère que son homonyme, la ville des califes, et enfin l'oasis d'El-Hadjira. Les palmiers dressent leurs têtes au milieu de grandes dunes qui ferment partout l'horizon, et pourtant on ne voit d'eau nulle part ; c'est qu'ils sont, comme ceux du Souf, dont nous parlerons plus loin, plantés à une assez grande profondeur pour que leurs racines atteignent d'elle-mêmes la nappe d'eau souterraine. A quelque distance de l'oasis s'élève, sur une haute colline dominant la plaine, le ksar ou la ville d'El-Hadjira ; elle est entourée de hautes murailles flanquées de tours et crénelées qui lui donnent l'aspect d'un véritable château fort. Cette oasis de 20,000 palmiers, alimentée par une riche nappe d'eau, à mi-chemin de Touggourt à Ouargla, est une position stratégique importante. Au delà, on ne rencontre plus que des espaces inhabités et incultes avec deux puits médiocres, Achouch-el-Ameur et Bir-Arifidji, puis on atteint Ouargla, qui sera sûrement sur l'une des voies ferrées qu'on construira au Sahara, qui pourrait même, selon quelques savants, être la tête de ligne du Transsaharien.

A gauche de la région que nous venons de décrire, à 185 kilomètres sud-est de Biskra, à 110 environ à l'est-nord-est de Touggourt, se trouve une autre région d'oasis non moins curieuse ; c'est le Souf. De Biskra on s'y rend par diverses voies, en général assez faciles, passablement pourvues d'eau et de bois ; la meilleure paraît être celle qui, empruntant de Biskra au bordj de Chegga la route de l'Oued-R'ir, oblique ensuite vers le Sud-Est et en trois petites journées de marche atteint El-Oued. Une autre, également fréquentée, va par les oasis de Sidi-Okba, Aïn-Naga, Sidi-Salah, traverse la plaine creuse d'El-Faid et une région parsemée de chotts et de dunes ; quoique passant souvent dans les sables, elle est assez bonne et on y trouve de l'eau et du bois abondamment.

Que l'on vienne par l'une ou l'autre de ces diverses voies, le pays présente partout à peu près le même aspect ; il est constitué essentiellement par des dunes, d'abord petites et semblables à des veines ou rides, puis devenant au fur et à mesure qu'on marche vers l'Est plus puissantes en même temps que plus dénudées ; dans la partie septentrionale et occidentale, des espaces considérables sont des chotts dont le niveau est au-dessous du niveau de la mer, au moins pour quelques-uns, et qui auraient pu être compris dans la Mer Intérieure dont on a tant parlé. Le Souf lui-même est le vrai désert de sable. « Il nous représente, dit un savant géologue, une mer qui se serait solidifiée pendant une violente tempête. Des dunes semblables à des vagues s'élèvent l'une derrière l'autre jusqu'aux limites de l'horizon, séparées par d'étroites vallées qui représentent les dépressions des grandes lames de l'Océan dont elles simulent tous les aspects. » Ces dunes, dans la partie la plus orientale, atteignent une grande hauteur ; on en a mesuré de plus de 200 mètres d'altitude au-dessus du sol environnant. Elles sont formées par la désagrégation du plateau crétacé pendant une longue suite de siècles et sur place, et les vents qui soufflent avec violence, usant les fragments de roche, les délitant en poussière, ont été le principal agent de leur formation et de leur transport. Ces coups de vent donnent parfois au paysage un aspect bizarre et sont en même temps dangereux pour les caravanes. Alors l'atmosphère est tellement emplie de sable qu'on ne voit pas à quelques pas; les dunes *fument*, comme disent les indigènes, car de toutes les lignes de crête s'élèvent de petits tourbillons de sable, semblables à de la fumée; les guides les meilleurs ne reconnaissent plus la forme des monticules; des flots de sable aveuglent si bien le voyageur que même au milieu d'une caravane il se sent isolé et comme égaré. Les Arabes alors s'arrêtent, se couchent sur le sable, s'abritent de leurs burnous et attendent résignés que la tempête ait cessé. Les caravanes ou les colonnes doivent faire de même; mais si elles n'avaient pas de vivres et d'eau en quantité et que l'ouragan de sable durât quelques jours, elle seraient vraiment en grand péril sur ce sol mouvant et dans cet horizon fermé. Quand on a vu de telles tempêtes, on n'est pas éloigné d'admettre comme vrai que l'armée entière de Cambyse ait pu périr ainsi dans le Désert.

A priori, on serait porté à croire que par suite de ces tempêtes l'aspect de la région se modifie notablement en quelques années; il n'en est rien; les vents qui règnent au Désert sont assez constants et soufflent surtout dans deux directions diamétralement opposées; ce que l'un emmène l'autre le ramène bientôt et l'équilibre finit par se rétablir. Les grandes dunes conservent leurs formes essentielles et c'est ce qui permet aux guides du Souf, aux Souafa, comme on dit, de se reconnaître dans cet immense dédale de monticules. Les plus âgés d'entre eux voient les mêmes dunes depuis leur jeunesse et ce n'est que sur quelques points isolés qu'ils en ont vu se former de nouvelles ou se produire quelque déplacement notable.

La région des dunes, même quand l'atmosphère est calme, est d'une traversée pénible; l'eau et la végétation ne sont pas très abondantes; les chameaux et les chevaux qui n'ont pas encore voyagé dans un semblable pays n'osent qu'à grand'peine marcher sur la pente douce sans consistance; au rebord, là où le talus est raide et où il leur faut se laisser glisser, ils ont peur et ne marchent qu'à force de coups. Les animaux chargés, qui n'ont pas l'habitude de ce pays, se blessent à chaque instant. Tel est l'étrange région qui s'étend au sud de la dépression des chotts jusqu'aux flancs du Ahaggar, et depuis l'Oued-R'ir jusqu'au delà de Radamès; pour la traverser dans l'un ou l'autre sens, il ne faut pas moins d'une vingtaine de jours aux caravanes les plus alertes. Cette zone étendue, qu'on nomme El-Areg, est un des principaux obstacles à la traversée du Sahara.

C'est au milieu de ce pays si difficile d'accès et si isolé que se trouvent les oasis du Souf, au nombre de huit; cinq sont sur une ligne allant du Nord au Sud-Sud-Est: Guemar, Tarzout, Kouinin, El-Oued et El-Hamich; trois sur une ligne au nord-nord-ouest de El-Oued: Zgoun, Behinia, Debila. Les palmiers du premier groupe ne forment presque qu'une seule et grande oasis en forme de fer à cheval très allongé, entourant les cinq villages et ayant un développement d'une vingtaine de kilomètres; les trois autres sont beaucoup moins importantes et séparées d'El-Oued ainsi qu'entre elles par des lignes de petites dunes. Les jardins sont partout disséminés par groupes isolés de cinq à cent palmiers; leur étendue va croissant à mesure qu'on avance vers le Sud; chacun est caché presque entièrement au fond d'un entonnoir. Pour faire un jardin, on creuse le sol à une profondeur qui varie de 5 à 20 mètres, et on rejette sur le bord le sable qui y forme un haut talus ; dans le fond, on plante les jeunes palmiers, qui se trouvent ainsi à proximité de la nappe d'eau souterraine et y baignent leurs racines. Pour empêcher le sable des talus de s'ébouler dans l'entonnoir, on le fixe par des palissades en branches de palmier ou par des pierres de gypse en cristaux placés au sommet. Pour maintenir celles-ci contre les sables que les vents accumulent contre les talus, et qui menacent d'envahir le jardin, il faut souvent superposer de nouvelles palissades aux premières. Parfois aussi une tempête vient jeter de grandes quantités de sable dans le jardin et le combler presque entièrement ; il faut alors le déblayer avec des couffins, et ce travail incessant parvient à grand'peine à maintenir les oasis contre les forces aveugles de la nature. De loin, on n'aperçoit presque pas ces jardins et de près on ne voit que les têtes des palmiers émergeant un peu au-dessus des talus. Un autre travail curieux attire l'attention ; quand un palmier devient trop vieux ou malade, ce qu'on reconnaît aux taches noires de ses feuilles, on étaye l'arbre avec des troncs et des branches de palmiers morts, on creuse en dessous de ses racines et on le tient ainsi suspendu ; un ouvrier va couper les racines mauvaises, puis l'arbre est descendu dans le fond et revit pour quelques années ; mais il arrive assez souvent que l'étayage est mal conditionné, que les racines se déchirent et que l'arbre, tombant brusquement, écrase l'ouvrier. On remarque encore avec quel soin le souafa accumule autour des palmiers le fumier qu'il va chercher souvent à de grandes distances. Grâce à ce travail patient et sans répit, le pays a cent cinquante mille palmiers qui donnent en moyenne, chaque année, pour 15 francs de dattes, les plus estimées de tout le Sud algérien ; c'est un revenu annuel de plus de 2 millions de francs, dont à peine la moitié est consommée dans le pays, le reste fournissant à une active exportation.

Outre les palmiers, les jardins du Souf produisent du tabac très fort et très estimé, des légumes tels que melons, pastèques, ails, piment, un peu d'orge et des quantités minimes de kif ou chanvre à fumer, de garance et de coton. Il y a aussi quelques figuiers, grenadiers, abricotiers, mais qui donnent des fruits médiocres. Pour fournir à ces plantes ainsi qu'aux jeunes palmiers l'eau nécessaire, il a fallu creuser une quantité incroyable de puits, d'ailleurs peu profonds, placés à une certaine hauteur sur les bords de l'entonnoir, et dont l'eau est déversée dans un réservoir, pour être répartie ensuite par des canaux dans de petits carrés de terre rectangulaires, qui contiennent les plantes. Ces puits à bascule pressés les uns contre les autres, sur la route d'El-Oued à Guemar notamment, figurent, selon le témoignage des voyageurs, avec leurs hautes perches, comme les mâts des balancelles de quelque port caché.

La valeur des jardins dans le Souf est très grande et proportionnée au nombre des palmiers ; il n'est pas rare que leur prix atteigne 500 francs par tête d'arbre. Celui même des terrains non plantés mais susceptibles de l'être, par suite de leur situation sur la nappe artésienne, est aussi fort élevé. La propriété communale et la propriété individuelle existent concurremment dans le Souf de temps immémorial et sont constatées ou par la notoriété publique ou depuis quelque temps par des actes des cadis. A Guemar, tout l'espace occupé par la ville est propriété de la commune et quand quelqu'un veut bâtir, il doit acheter le lot de terre à la Djemaa ; si le lot est de peu d'importance, il suffit, pour en devenir propriétaire, d'offrir une diffa. Il en est de même à El-Oued, qui est considérée comme propriété commune de toutes les tribus qui relèvent de cette localité. Les terrains propres à la création de jardins et que la notoriété publique distingue très bien comme appartenant à telle ou telle fraction, ne deviennent propriété particulière que par un achat en règle. L'eau également est mise en vente, et sa répartition faite d'une manière équitable, suivant des conventions arrêtées dès le moment où un puits a été creusé, n'est presque jamais l'objet de contestations; enfin, les propriétés et les jardins sont limités par des bornes, dont le déplacement entraînerait des peines très graves.

Les constructions du Souf ne ressemblent pas à celles des autres régions d'oasis sahariennes. Ici on se sert peu de briques séchées au soleil ou toubs, et les terrasses pour recouvrir les maisons sont rares. Les matériaux employés sont des blocs de calcaire gypseux; les plus gros morceaux, cuits et gâchés, donnent un plâtre de qualité inférieure. Le toit, en branches de palmier, supporte de petites coupoles hémisphériques comme celles des koubba; la porte d'entrée est étroite et basse, de manière qu'il faut se plier en deux pour y passer; une étroite ouverture au toit donne passage à l'air et à la fumée. Les maisons ainsi faites ont un certain air d'élégance et de propreté; elles ont le plus souvent 7 à 8 mètres de longueur sur $2^{m},50$ de largeur et un peu moins de hauteur. De loin on dirait des ruches, et à El-Oued, un homme de bonne taille qui se lève un peu sur les pieds, domine tout l'ensemble. Ces maisons comprennent généralement une cour intérieure, sur les trois côtés de laquelle sont les chambres et les magasins; le quatrième côté est une galerie à arcades; au milieu de la cour ou en avant de l'habitation est assez souvent une hutte en branches de palmier, abritant une tente où se tient la famille. L'été, on vit le plus souvent dans des gourbis au milieu des jardins. L'intérieur de la maison est en général plus riche que celui des autres maisons de Sahariens; on y voit souvent un ou plusieurs métiers à tisser, des jarres pour contenir les provisions, des coffres à serrer les effets, et, appendus aux murailles, des objets en verre, en faïence, en porcelaine, qui sont là pour décoration. Pour construire de telles maisons, des maçons ou architectes ne sont pas nécessaires; celui qui veut bâtir réunit en tas les matériaux sur le terrain, puis il convoque le ban et l'arrière-ban de ses amis; tous se mettent à l'œuvre, et l'édifice, commencé le matin, est le plus souvent achevé le soir; une ample diffa récompense les travailleurs et constitue la cérémonie d'inauguration. Cependant, quelques maisons, surtout à Guemar, sont d'une construction un peu plus compliquée; elles ont souvent un étage et une terrasse et sont l'œuvre de maçons nègres ou tunisiens.

Les oasis du Souf comprennent sept mille six cents maisons de sédentaires et mille sept cents tentes de nomades, soit une population totale d'environ 30,000 individus. El-Oued, la mieux construite et la plus peuplée des villes, a quatre mille maisons et treize mosquées; elle est le centre politique, la capitale de tout le pays. Guemar, qui vient ensuite, a deux mille maisons et dix mosquées; c'est le centre religieux du Souf, et c'est là que se trouve la zaouia des Tedjini, grande et vaste construction, succursale de la zaouia de Temacin. A El-Oued, nous avons un bordj et une garnison d'une centaine d'hommes, pour surveiller l'est de notre frontière; nous avons aussi un petit poste dans le groupe des oasis du Nord-Est, à Debila.

Les gens du Souf ou Souafa sont relativement riches; outre les produits de leurs jardins, ils ont des troupeaux assez nombreux de moutons et de chameaux; jadis ils possédaient même mille cinq cents à deux mille méhara, mais depuis que la sécurité est revenue dans leur pays, depuis surtout que le commerce des esclaves a cessé, et qu'ils ont dû renoncer aux courses lointaines et au commerce avec le Soudan, ils n'en ont plus que deux cents ou trois cents, ce qui est encore une force notable; leurs femmes tissent par an environ soixante-dix mille burnous, haïks et autres vêtements de laine d'une valeur de plus de 1 million de francs, et qu'ils vont vendre sur les marchés du Tell, du Sahara et de Radamès; aussi, malgré la richesse de leurs troupeaux de moutons, sont-ils obligés d'acheter beaucoup de laines aux nomades sahariens. Outre ces diverses ressources, les Souafa en trouvent d'autres en dehors de leur pays et émigrent en grand nombre. Les uns vont dans le Désert chasser l'antilope et la gazelle, dont ils viennent vendre la chair et la peau dans les villes; d'autres se font caravaniers ou guides de caravanes, et il en était naguère qui avaient fait maint voyage à Kano, à Sokoto, à Timbouctou; il en est encore qui vont à Rhat, à In-Salah, surtout à Radamès; d'autres encore, et ce sont les plus nombreux, vont dans les villes du Tell, de l'Algérie et de la Tunisie, et s'y emploient comme terrassiers, portefaix, porteurs d'eau, décrotteurs, petits marchands. Quand ils ont acquis quelque bien, ils reviennent dans leur pays natal; ils y élèvent une maison et y plantent quelques palmiers, puis coulent doucement l'existence dans le milieu rêvé. Ces Sahariens ont un incroyable attachement pour leur pays si aride, et partagent tous cette opinion singulière d'un d'entre eux, l'auteur du *Kitab-el-Adouani* ou Histoire du Souf, qui écrit cette phrase étrange : « Il n'y a pas de vallée plus agréable à habiter que celle de Tarzout. »

Nous avons jusqu'ici parlé des Souafa, comme s'ils appartenaient à une seule race; en réalité, il y a deux et même trois espèces de populations juxtaposées : les Adouani, les plus anciens habitants du pays; les Troud, qui sont venus de la Tunisie s'y fixer à la fin du XIVe siècle de notre ère, et les Châmba, venus d'Ouargla il y a une centaine d'années, obligés de s'expatrier à la suite d'un meurtre. Ceux-ci, qui forment le groupe de beaucoup le moins important et qui s'occupent peu de la politique locale, s'étaient installés à une heure et demie au sud d'El-Oued, près de la gorge alors déserte d'El-Hamich; ils firent avec succès le métier de pillards, se renforcèrent de quelques-uns de leurs frères venus d'Ouargla, plantèrent les palmiers et creusèrent les puits d'El-Hamich. Ils y viennent l'été faire la récolte de leurs dattiers, puis battent l'estrade entre Radamès, Ouargla et le pays des Touareg. Bien plus nombreux sont les deux groupes des Troud et des Adouani (appelés aussi Oulad-Saoud); ils diffèrent essentiellement l'un de l'autre par leur tempérament, leurs habitudes, leurs idées. Les premiers sont nomades pendant neuf mois de l'année, possèdent la moitié des palmiers et presque tous les troupeaux; les autres sont sédentaires dans les oasis, n'ont que peu de moutons et de chameaux et ce sont eux surtout qui fournissent à l'émigration vers le Tell, tandis que leurs voisins sont caravaniers et guides. Les Oulad-Saoud, par suite même de leur genre de vie, sont laborieux et pacifiques; les Troud, au contraire, sont passionnés, remuants, belliqueux. Jadis ils dépensaient leur activité dans les razzias contre les autres nomades du Sud ou dans les querelles avec leurs voisins des oasis; depuis que la conquête française les a obligés à un calme relatif, ils ont tourné leur activité et leur turbulence contre eux-mêmes; appartenant au sof ou parti Bou-Akkaz, tandis que les Oulad-Saoud étaient du sof Ben-Ghana, ils se sont maintenant divisés en deux groupes hostiles, les Messaaba et les Achèche. L'administration française, qui avait d'abord soumis à une même autorité ces populations si diverses et si ennemies, a jugé à propos de tenir compte de leurs divergences de vues et d'intérêts et a placé chacun des trois groupes sous des khalifats distincts, relevant du commandant supérieur de Biskra.

Du Souf, diverses routes, mais peu fréquentées et pénibles à cause des dunes et du manque d'eau, mènent vers Radamès, qui commande la voie la plus orientale que nous puissions suivre pour traverser le Désert et aller au Soudan. C'est celle que maintenant nous allons prendre, en dépit des difficultés de tous genres qu'elle présente et du peu de probabilité qu'il y ait qu'elle soit jamais empruntée par le commerce ou par une voie ferrée.

CHAPITRE VII

LA ROUTE ORIENTALE DU SAHARA

Du Souf, c'est-à-dire des oasis les plus orientales du Sahara algérien, on peut, en allant vers le Sud-Est, contourner le massif central du Désert et trouver une issue vers le Soudan. Mais cette voie de l'Est est loin de présenter les mêmes avantages que celle de l'Ouest par le Tidikelt et le Touat. Tout d'abord, elle ne traverse aucune région d'oasis riches et peuplées; les seules localités de quelque importance qu'elle puisse desservir sont Radamès et Rhat : la première, simple ville d'entrepôt et de transit, qui ne communique même avec le Soudan que par un long détour vers l'Ouest, vers le Touat; la seconde, un peu mieux placée pour les relations avec le pays d'Aïr et les contrées populeuses du Bornou. En outre, la traversée du Désert par cette voie de l'Est est particulièrement pénible, car il y a à franchir deux vastes régions de grandes dunes, celle de l'Erg entre le Souf et Radamès, celle d'Edeyen entre Radamès et Rhat.

Pourtant, comme sur cette route il y a des aspects étranges et deux localités curieuses à étudier, c'est elle que nous allons décrire, jetant ainsi un coup d'œil sur le versant oriental du Djebel-Ahaggar.

D'El-Oued on va à Radamès en treize ou quatorze étapes, dont les neuf dernières sans eau. Trois routes à peu près parallèles sont suivies par les rares caravanes qui font cette traversée; la plus occidentale, par Bir-Ghardaya, fut explorée par M. de Bonnemain en 1856 et la mission Mircher en 1864; une autre va plus à l'Est, par Mouia-Aissa; une troisième, plus à l'Est encore, passant par Bir-Djedid, a été étudiée par Largeau en 1873; enfin, la plus orientale de toutes et la plus fréquentée, passant par Ber-es-Sof, a été reconnue par Duveyrier en 1860, et a servi aussi à une petite colonne de spahis, faisant en 1881 une pointe vers le Sud. Que l'on prenne l'une ou l'autre de ces routes, on a devant soi la mer de dunes, avec quelques puits dans la première partie de la traversée et des pâturages; çà et là, on rencontre quelques tentes de nomades ou des chasseurs châmba qui poursuivent la gazelle et l'antilope. A mesure qu'on avance, les dunes prennent plus de développement, atteignant plusieurs centaines de mètres au-dessus du niveau de la plaine, et revêtent des formes fantastiques; les ouragans deviennent d'une violence exceptionnelle; la route est difficile à reconnaître et des cadavres d'hommes ou d'animaux desséchés, que le sable couvre et découvre tour à tour, témoignent des périls qui menacent les voyageurs. C'est le théâtre favori des exploits des pillards, Touareg, Châmba, Souafa et autres. Battant sans cesse l'estrade dans un rayon assez large à l'entour des puits, ils épient l'arrivée des caravanes ou des chasseurs pour les surprendre et les piller. Ber-es-Sof notamment est un de leurs lieux de rendez-vous, grâce à l'eau qui y abonde, et nous y avons établi un poste de surveillance de quelques indigènes.

De Ber-es-Sof il faut neuf jours de marche pour atteindre Radamès; on va sans trêve, à travers de petites plaines coupées par d'énormes montagnes de sable appelées *ghourd*, et on arrive enfin, épuisé, à la limite de la région des dunes. A celle-ci succède un plateau pierreux, d'aspect rougeâtre, la *hamada rouge*, où l'on aperçoit tout d'abord une sebka ou lac salé brillant, puis tout d'un coup, par un étranglement, la petite oasis de Zaouia-Sidi-Maabet. A l'issue de l'affreux désert de l'Erg, c'est un spectacle vraiment enchanteur et réconfortant que celui de ce gracieux village, entouré d'une muraille blanche tranchant sur la verdure bleuâtre des palmiers; des puits très rapprochés montrent en lignes parallèles les hautes perches des bascules; puis, quand on a gravi une hauteur à l'Est, on aperçoit des ruines de monuments étranges que les indigènes appellent les idoles, et, à moins de 500 mètres, de petites cases rondes en pierres, couvertes de paille d'alfa et habitées par des Touareg; derrière, à très faible distance, s'étend la longue ligne des palmiers et des murailles blanches de Radamès.

L'existence en ce point d'une source artésienne extrêmement abondante y a attiré les hommes dès la plus haute antiquité et il y avait là à l'époque romaine une ville d'une certaine importance, qui portait déjà le nom que lui donnent aujourd'hui les habitants, nom que les Romains ont transcrit sous la forme de Cydamus[1]. Des débris de construction, des fragments de marbre sculpté, épars dans les maisons et les jardins, surtout ces monuments étranges et ravagés par le temps, qui ont valu à la plaine son appellation de Plaine des Idoles, sont les vestiges de la cité ancienne. Lors de l'expédition d'Okba en Afrique, en 642 de notre ère,

1. Nous savons par Pline et les Fastes capitolins que Cornelius Balbus, en 19 avant notre ère, conduisit une armée romaine dans le Désert et soumit deux villes : Cydamus (Radamès) et Garama (oasis de Djerma). Une inscription trouvée près de Radamès par M. Duveyrier nous apprend en outre qu'au milieu du IIIe siècle un détachement de la 3e légion Augusta cantonnée à Lambèze vint en expédition jusqu'à l'oasis.

ce conquérant envoya un corps de cavalerie prendre possession de Radamès, ce qui semblerait dénoter que la traversée du Désert n'était pas alors aussi difficile qu'elle est devenue. Plus tard, la ville releva de l'autorité des princes tunisiens, mais c'étaient les Touareg qui en étaient les vrais dominateurs; ils faisaient trembler les gens de Radamès qui sont assez lâches; c'est sans doute pour être protégés contre leurs exigences, peut-être aussi par suite de menées que dirigeait la politique anglaise, qu'ils demandèrent, il y a une cinquantaine d'années, à être annexés à la Tripolitaine. Aujourd'hui, Radamès forme avec quelques oasis assez éloignées une circonscription de la province du Djebel-Nefouça, a un gouverneur appelé *caïmacan* et une petite garnison turque.

La ville s'est créée près de la belle source appelée Aïn-el-Fers, et est entourée d'un mur d'enceinte, mal construit et en mauvais état; en certains endroits, par les jardins, on peut l'escalader sans peine. Quatre portes donnent accès dans la ville, qui est à la partie sud-est de l'oasis; elle est partagée en deux quartiers, séparés par un mur continu, celui des Beni-Ouasit et celui des Beni-Oulid; jadis ils étaient continuellement en guerre et aujourd'hui même il arrive que des habitants d'un des quartiers passent toute leur vie sans avoir mis le pied dans l'autre. De la porte principale, qui est du côté ouest, un long corridor conduit à la place du Marché. Les rues sont de véritables souterrains recouverts par le premier étage des maisons et où de loin en loin des jours ont été ménagés pour donner un peu d'air et de clarté; les petites rues adjacentes n'ont même pas de ces jours et on s'y trouve dans des ténèbres complètes. Il est difficile d'y circuler, même au milieu de la journée; quand le soleil baisse, vers trois ou quatre heures du soir, cela devient tout à fait impossible. Les gens aisés portent avec eux des lanternes. « L'étranger, dit un des derniers visiteurs de cette ville, entend avec surprise une sorte de grognement plaintif, répété devant lui par des ombres qui disparaissent aussitôt. Ce sont les femmes, servantes ou esclaves, qui préviennent ainsi de leur présence dans l'étroite ruelle : si une autre femme marche en sens inverse dans la rue, elle répond par le même grognement et l'on se rencontre sans se heurter, s'il se peut ; si c'est un homme, il frappe le sol de son pied, et la femme revient sur ses pas jusqu'à l'angle de la rue pour le laisser passer[1]. »

Les maisons de Radamès sont au nombre d'environ 1,400, généralement mieux construites que celles des autres villes sahariennes ; la plupart sont en toub, mais il en est aussi un bon nombre en pierres. Presque toutes ont un un étage sur rez-de-chaussée ; celui-ci, obscur, n'ayant un peu de jour que par un trou dans le toit, sert de magasin ou de dépôt pour les provisions. Le premier étage, qui sert d'habitation, prend jour par le haut sur une terrasse ; dans l'épaisseur des murs sont construites des chambrettes, ou pour mieux dire, des niches superposées, qui servent au coucher de la famille ou à recevoir les rares meubles et les ustensiles de cuisine. Les maisons sont soigneusement blanchies à la chaux, à l'extérieur comme au dedans ; les murs intérieurs sont ornés d'arabesques grossières, de vases de cuivre ou de terre, d'objets de sparterie, de petits miroirs. Les terrasses sont le vrai séjour des femmes ; c'est là qu'elles tissent et brodent, là qu'elles font le plus souvent la cuisine. Elles peuvent, malgré les murettes en terre qui séparent une terrasse de la voisine, passer facilement d'un toit à l'autre, aller rendre visite à leurs amies ; des rues même, superposées à celles obscures du rez-de-chaussée, constituent comme une ville supérieure et l'on peut ainsi par les toits parcourir tout Radamès. Il s'y

1. Largeau. *Le Sahara algérien*. Paris, 1882, p. 218.

tient un marché, dont l'accès est interdit aux hommes et où il se débite des bijoux, des étoffes, des objets de toilette et de parfumerie, des ustensiles de cuisine, des provisions. Les hommes n'ont le droit d'aller sur les terrasses que le soir; l'été même ils y couchent. Inversement, les femmes ne vont pas dans les rues inférieures, pendant le jour, au moins celles qui sont d'une condition assez relevée; elles ne descendent qu'après le coucher du soleil pour aller prier à la mosquée.

Le marché de Radamès se tient chaque vendredi sur une petite place, qui est précisément à l'endroit où se touchent les deux quartiers jadis ennemis; on y arrive par une large entrée voûtée, sorte de salle avec des sièges en pierre ou en terre, placés contre les murs, où on s'assied pour causer. La vente se fait presque toujours à la criée et aux enchères et consiste en paquets de plumes d'autruches, en tissus de tous pays, nattes, tapis, burnous, gandouras de la Tripolitaine ou du Souf, armes européennes et touareg, animaux, céréales, dattes, etc. Mais le marché est ordinairement peu animé, car Radamès n'étant qu'un entrepôt, c'est dans les magasins des marchands que se font presque toutes les transactions importantes.

La population est extrêmement mélangée, mais le fond est surtout berbère; c'est à cette race évidemment qu'appartiennent les Beni-Ouasit et les Beni-Oulid, les plus anciens habitants de l'oasis et qui se disent nobles; il y a aussi, se prétendant également nobles, des Ouled-Belil qui sont d'origine arabe. Un quatrième groupe, plus nombreux que les trois autres, mais qui n'a ni richesse ni influence, est celui des Atria, les uns descendants d'esclaves noirs affranchis, les autres métis de Berbères et de négresses; tous les Atria sont serviteurs ou clients des Beni-Ouasit et des Beni-Oulid. Au sud-ouest de la ville, sur le plateau des idoles, est un village de Touareg; enfin bon nombre de marchands de la Tripolitaine, des oasis du Sahara, même du Soudan, se sont fixés dans la ville. La langue dominante est un dialecte berbère, qui se rapproche de celui des oasis du Désert libyque; mais les marchands de Radamès savent aussi assez souvent l'arabe, le tamachek ou touareg, quelquefois même les langues du Soudan; ils écrivent en caractères arabes, mais en se servant de leur dialecte maternel.

Les vêtements des gens de Radamès sont plus propres et plus riches que ceux des autres Sahariens. Les hommes portent une ample et longue culotte, un gilet et une veste mauresque à larges manches et par-dessus une gandoura ou une longue pièce d'étoffe de laine dans laquelle ils se drapent et qu'ils nomment euksa ; pour coiffure, un turban recouvrant une calotte ou chechia rouge, et pour chaussures, des souliers jaunes, ornés de broderies. Les femmes nobles, qui, au dire de Largeau, sont remarquables par la régularité de leurs traits rappelant le type grec, sortent vêtues d'une longue pièce d'étoffe rouge ou bleue, avec des raies blanches, qui passe sous le bras droit pour aller s'attacher sur l'épaule gauche et laisse à leurs mouvements une entière liberté; par-dessus, elles ont une euksa blanche ou de couleur vive. « Elles sont coiffées d'un bonnet phrygien qu'entoure un mouchoir en soie à franges d'or; la partie inférieure de cette coiffure est ornée d'une sorte de diadème en or ou bien en cuivre; un gros pompon rouge pend toujours au milieu du front ; elles portent au cou des colliers de corail ou de perles rouges », aux mains et aux pieds de lourds bracelets d'or, d'argent ou de cuivre. Les femmes de condition inférieure, atrias ou esclaves, ont un costume du même genre, mais un peu plus simple et moins riche.

Pour faire connaître le caractère des Radamésiens, nous ne pouvons mieux faire que de citer les propres paroles de Largeau, le dernier voyageur qui les ait vus de près et longuement étudiés. « Le Radamésien, dit-il, vit en général retiré dans sa maison (sauf lorsqu'il fait des voyages pour son commerce) et s'éloigne rarement du quartier qu'il habite. Religieux par affectation, naturellement dissimulé et méfiant, il est d'une poltronnerie telle que deux Touareg armés de lances font la loi à cinquante Radamésiens armés de fusils et de pistolets. En revanche, il est âpre au gain et rapace outre mesure ; il vole sans pudeur, sans vergogne, quiconque s'en rapporte à sa bonne foi. Il n'est point hospitalier, ne fait rien pour obliger l'étranger et n'entre en relations avec lui que pour lui vendre au poids de l'or. D'une ingratitude révoltante, toujours prêt à tromper son bienfaiteur et à le mettre à mal, il semble complètement dépourvu de sens moral, de fierté, de dignité. »

L'oasis de Radamès semble avoir été autrefois plus prospère que de nos jours. En 1860, Duveyrier lui attribuait une richesse de 63,000 palmiers ; soit que cette estimation fût trop élevée, soit que le nombre des arbres ait beaucoup diminué en peu de temps, le recensement de 1873 n'en accusait que 24,000 ; peut-être, il est vrai, un certain nombre ont-ils échappé au recensement et par suite à l'impôt que prélèvent les Turcs. Autour de l'oasis, des espaces étendus, cultivés en céréales et légumes, ont dû être abandonnés par suite de l'insuffisance de l'eau d'irrigation. Sur une surface plantée d'environ 160 hectares, 75 sont arrosés par la belle source d'Aïn-Fers, célèbre dans tout le Sahara, et qu'on appelle simplement la Source ou la Grande Source. Elle jaillit à l'ouest de la ville, derrière la maison du gouverneur, et est recueillie dans un bassin rectangulaire de 25 mètres de long sur 15 de large, entouré d'un mur en pierre, de construction ancienne, très bien entretenu ; il est aussi très profond et on peut s'y baigner tout à l'aise. De ce bassin, l'eau sort par cinq canaux, également bien construits, peut-être par les Romains, et qui la répartissent dans l'oasis. Elle sourd à une température de 30 degrés et ne contient qu'une assez faible quantité de sel et de magnésie; elle est par suite une des meilleures qu'on puisse trouver au Sahara, mais avant de la boire les habitants ont soin de la laisser refroidir à l'air. Ils n'en boivent point d'autre, car celle des puits est saumâtre ; ceux-ci, qui sont à bascules et assez profonds, donnaient jadis des masses liquides beau-

SOURCE DE RADAMÈS

coup plus fortes qu'aujourd'hui. L'eau est répartie entre les divers jardins, moyennant une redevance annuelle, fixée par des conventions immuables et en proportion de la superficie ou du nombre de palmiers dont chacun est propriétaire. Un fonctionnaire spécial, assisté d'un enfant avec une clepsydre, préside à la répartition. Il n'est pas douteux que le creusement d'un puits artésien à une centaine de mètres augmenterait beaucoup le débit des eaux.

Outre les dattiers, on cultive dans l'oasis un peu de céréales, des melons et pastèques d'une grosseur extraordinaire, des abricotiers, figuiers, grenadiers, même quelques orangers, des oignons, des tomates, de l'ail, du piment. Mais en dépit d'un travail incessant, d'un emplo intelligent des engrais, la production agricole de l'oasis est restreinte, à cause du manque d'eau ; les dattes même sont de qualité médiocre et n suffisent qu'à grand'peine à la consommation des habitants, qui sont au nombre de 7,000, établis dans la ville. Ils sont par suite obligés d'achete aux caravanes et aux nomades une bonne partie des choses dont ils s nourrissent. Ils trouvent quelques ressources dans la fabrication d chaussures et d'objets en cuir estimés, ainsi que dans celle des étoffes e des bijoux. Mais ce qui fait vivre surtout Radamès, c'est son commerc de transit entre les régions méditerranéennes et celles du Soudan ; se habitants sont remarquablement habiles pour ce trafic et y font asse souvent de grosses fortunes. Il en est parmi eux qui ont des succursale à Kano, à Katsena, à Timbouctou, à Rhat, à In-Salah, en même temp qu'à Tripoli et à Tunis. Ils s'associent le plus souvent avec les Touare qui tiennent les routes, et on ne peut estimer le chiffre d'affaires qu'il font à moins d'une quinzaine de millions, dont la moitié peut-être de pu bénéfice [1].

De Radamès un petit nombre de caravanes vont à Rhat qui est environ 550 kilomètres plus au Sud et emploient à cette traversée un quinzaine de jours ; sur la route on rencontre de l'eau en toute saiso dans six puits, et en hiver, lorsqu'il a plu, dans un certain nombre d mares à fond d'argile ou redirs. Dans ce long trajet on ne voit nul localité habitée, rarement même des tentes de nomades ; la végétatio est peu abondante et de grandes étendues de terrain en sont entière

1. Il va sans dire que les chiffres par lesquels nous essayons de donner une idée du mouv ment des affaires commerciales n'ont rien de bien précis ; les données fournies par les voyageu à ce sujet diffèrent quelquefois d'une façon assez notable. Largeau, pour le commerce de Rad mès, fournit celui de 12 millions, mais qui paraît un peu inférieur à la réalité. L'impôt ann que les marchands de la ville paient au gouvernement turc s'élève à 250,000 francs, ce qui don une haute idée de leur fortune.

ment dépourvues. Pendant les premiers jours, on reste dans la hamada rouge, dans ce désert caillouteux de couleur sombre qui s'étend au loin à l'est de Radamès et où il n'y a presque ni plantes ni animaux, puis on franchit sur une centaine de kilomètres la zone des grandes dunes d'Edeyen. Au delà on retrouve les plateaux pierreux, contreforts du massif central du Ahaggar, dont on aperçoit dans le lointain quelques cimes vers l'Ouest; à mesure qu'on avance vers le Sud, le terrain devient plus mouvementé; des roches abruptes, aux teintes sombres, enserrent la route dans de véritables défilés, et, au terme du pénible voyage, on arrive dans une large gorge que des monts dominent à droite et à gauche, atteignant de 800 à 1,000 mètres; du côté de l'Ouest, ce sont les supports du Tassili septentrional, un des plateaux qui bordent le massif central; du côté de l'Est, c'est la chaîne de grès et de schistes de l'Akakous, qui va du Nord au Sud comme une muraille crénelée; « elle est tellement abrupte que c'est à peine si une fois en dix années il se rencontre parmi les Touareg un homme assez adroit pour pouvoir en opérer l'ascension par un unique escalier très étroit et qui va chaque jour en se dégradant. On cite dans le pays les rares individus qui ont gravi ce rempart de roches dénudées, dont les pointes dressées vers le ciel présentent l'aspect le plus bizarre[1]. » C'est en face, dominant le côté occidental, que se dresse la singulière montagne du Château des Génies ou Ksar-Djenoun — où s'aventura Barth et où il faillit périr de soif. Au fond de la gorge, vers le Sud et adossée aux montagnes, on aperçoit une ligne de murailles grisâtres et çà et là des palmiers épars par petits bouquets; c'est la ville de Rhat.

La ville de Rhat est située dans une plaine, que des jardins de pal-

1. Duveyrier. Ce voyageur alla de Radamès à Rhat par une route plus occidentale et plus longue que celle des caravanes, en suivant dans ses pérégrinations la tribu de l'émir Ikhenouken.

miers parsèment comme des îlots, et qui se développent au débouché de la gorge de Ouararet; cette position sur la grande voie commerciale de Tripoli au Soudan et aussi l'abondance de l'eau lui ont donné une réelle importance, et probablement depuis des siècles. Une tradition locale prétend qu'elle fut fondée il y a cinq siècles seulement par des Kel-Rhafsa, associés à d'autres Touareg; mais M. Duveyrier a été amené par le nom de ces fondateurs de la ville à voir en eux les habitants de la ville antique de Rapsa, que Cornelius Balbus soumit en l'an 19 avant notre ère. Trop faibles pour se maintenir contre les nomades du Désert, ils auraient fait alliance avec des tribus touareg et auraient formé avec eux un nouvel État, une nouvelle ville, nommée Rhat, soit à quelque distance de l'ancienne, soit sur le même emplacement. Il se pourrait que les ruines d'un vieux ksar, constatées par E. von Bary au sommet de la ville moderne, soient celles de l'oppidum antique. Il y a vingt ans, Rhat était une ville autonome, mais dont les habitants étaient le plus souvent sous la domination, toujours dans la terreur des Touareg. Non contents de faire payer des droits de passage et de protection aux caravanes et de leur extorquer encore des présents, ceux-ci étaient les vrais maîtres dans la ville; ils y entraient librement, en armes, prêts à s'en servir au premier grief. La porte d'une maison ne s'ouvrait-elle pas assez promptement devant eux, ils la forçaient, et les propriétaires s'estimaient heureux de n'être qu'injuriés. Quelque chose les tentait-il dans l'intérieur, ils le prenaient, et malheur à celui qui aurait protesté; il eût été frappé, blessé, peut-être mis à mort. Personne n'eût osé leur résister; personne n'était là pour faire rendre justice[1]. Cet état de choses intolérable fut aggravé par une guerre intestine entre deux

1. On trouvera d'autres exemples de ces exigences à peine croyables de Touareg dans la relation de la mission Flatters, de Brosselard.

fractions des gens de Rhat, qui toutes deux s'appuyaient sur diverses tribus touareg. Le cheikh de la ville, Hadj-Hamin, dès 1860, poursuivit un but hautement avoué, celui de placer Rhat sous l'autorité de la Turquie; il mourut sans y parvenir; mais son fils Es-Safi y réussit, et, en 1874, fut nommé par la Porte caïmacan ou gouverneur de Rhat, en même temps qu'une garnison turque venait en prendre possession. Maintenant, quand un Touareg se présente aux portes, les soldats lui enlèvent ses armes et ne les lui rendent qu'à la sortie; s'il commet quelque violence à l'égard d'un citadin, il est mené devant le cadi et peut être condamné à l'emprisonnement, ce qui paraît, à ces hommes de la tente, le plus odieux des supplices. Le gouverneur de Rhat disait à E. von Bary en 1876 : « Cette ville appartient au sultan; tu es ici en sécurité aussi bien que dans toute autre ville de l'empire ottoman. Les Touareg n'ont rien à voir ici. Si un d'eux te fait tort en quoi que ce soit, fais-le moi savoir, et tu verras que tu obtiendras justice. » La suite, ajoute le voyageur, me montra que ce n'étaient pas là des paroles vides de sens. Les Touareg sont donc tenus en respect, et cela à une assez grande distance de Rhat, par une mince garnison de 200 Turcs. Ajoutons que ce qui donne au gouverneur une certaine influence morale, c'est qu'il y a sur la place un canon d'acier se chargeant par la culasse, de provenance allemande. On le fait tonner aux jours de fête, et son bruit, répété et prolongé par les échos du Désert, frappe les nomades d'une certaine crainte superstitieuse.

La ville se dresse comme une véritable forteresse sur un petit mamelon qui domine tout le pays du Sud-Sud-Est au Nord-Nord-Ouest, mais qui est lui-même dominé au Nord-Est et à l'Est par une ligne de collines. Une longue muraille en terre sèche l'enveloppe d'une enceinte à peu près circulaire; six petites portes y sont percées, que gardent des soldats turcs. A l'intérieur les maisons escaladent de tous côtés les flancs arrondis du mamelon, de sorte que celles qui sont tout à fait au centre sont fort élevées au-dessus des autres; sur ce sommet se trouvent la petite place avec son unique et bruyant canon, une mosquée au minaret élevé, la caserne et la maison du gouverneur. De la place, six rues étroites et en pente raide aboutissent aux six portes de l'enceinte, divisant la ville en autant d'îlots de maisons. Celles-ci, au nombre de 600 environ, avec à peu près 4,000 habitants, sont presque toutes en terre, à un seul étage, couvertes de terrasses; des portes basses et étroites, point de fenêtres; presque toutes les pièces donnent sur une cour intérieure de forme carrée.

Nous n'avons pas sur l'état actuel de Rhât des renseignements précis et récents. Lors du voyage de Duveyrier, l'oasis allait grandissant, et il se fondait des faubourgs considérables, Taderamt à 600 mètres environ de l'enceinte et Tourrin à 800 mètres; ce dernier, qui datait seulement d'une douzaine d'années, avait déjà 500 habitants. Entre ces villages et Rhat s'étend un espace plat, sur lequel se tient tous les ans une grande foire, où l'on trouve réunis tous les produits du Soudan et des pays méditerranéens; c'est ce commerce qui fait la principale fortune des habitants de la ville. L'agriculture et l'industrie n'y ajoutent que fort peu, car les dattiers, répartis en jardins, clairsemés sur une étendue de 2 à 3 kilomètres, ne donnent guère que les fruits nécessaires à la nourriture des Rhatiens, et l'industrie est également restreinte aux besoins locaux; elle fournit des pelleteries, des vases en bois ou en terre, des montures ou des étuis pour armes et autres menus objets.

Le mouvement du commerce a amené à Rhat des gens de toutes races et de tous pays; on y voit côte à côte des blancs, des noirs et des métis, des esclaves et des hommes libres, des Berbères, des Arabes, des

Soudaniens; des commerçants de Timbouctou, d'Agadès, du Tibesti, de Radamès, d'In-Salah, de Djerba, de Mourzouk s'y sont fixés; ajoutez à cela des soldats turcs, la plupart exilés de l'empire ottoman. Ce qui domine toutefois dans ce singulier mélange, c'est l'élément berbère; c'est un dialecte berbère, voisin de celui des Touareg, qu'on parle le plus; c'est le costume des Touareg, long pantalon, blouse, voile sombre, qu'on porte surtout; enfin les femmes, particulièrement, ont conservé le type des Berbères aborigènes. Comme la coutume leur réserve le droit d'administrer, même durant le mariage, tout ce qu'elles possèdent, la fortune, surtout la fortune immobilière, est presque tout entière passée entre leurs mains; ce sont elles qui possèdent toutes les maisons et tous les jardins. Cet état économique a maintenu à la ville de Rhat, en dépit de la juxtaposition des divers éléments ethniques, son caractère berbère original.

Le pays au sud de Rhat est la partie du Désert la moins connue; les caravanes ne le parcourent point, car elles vont au Soudan en faisant un grand détour vers l'Ouest, par le Touat, et il y a quarante-quatre ans, depuis Richardson et Barth, que nul Européen n'y a pénétré. Il semble cependant qu'il doit y avoir une route facile entre Rhat et l'oasis montagneuse d'Aïr, en suivant au pied du plateau central le fossé ou ravin de l'Oued-Afalhéhlé ou Tafasasset, dont les renseignements indigènes ont révélé l'existence. C'est donc à Barth seul que nous emprunterons les indications sur cette grande région mal connue.

A quelques lieues au sud de Rhat, on voit une très épaisse forêt de palmiers, bien plus importante que celle qui entoure cette ville et à une assez grande distance, entourée de verdure, une forteresse aux murs bien bâtis, aux maisons basses et pittoresques; c'est Barakat ou Iberké. Elle compte à peine cent cinquante maisons, mais toutes propres et brillantes, des rues larges et bien entretenues, un jouet d'enfant de loin; c'est le dernier spectacle de ce genre sur cette route, car au delà, pendant des centaines de kilomètres, il ne sera plus donné au voyageur de voir une seule ville digne de ce nom. La route qui mène à l'oasis montagneuse d'Asben ou Aïr n'a pas moins de 900 kilomètres de développement et traverse les plateaux et les chaînes, contreforts du grand massif central; les plaines de sable où les hammada ne s'étendent çà et là que sur de faibles surfaces; presque toujours à l'horizon on voit des monts abrupts, aux formes bizarres, une vraie forêt de rochers, selon l'expression de Barth; la piste suivie par les caravanes serpente dans des défilés étroits, que les hauteurs bordent comme des murailles; çà et là, dans des crevasses, brille une flaque d'eau pure, laissée par les pluies, et, lorsqu'il pleut, ces crevasses quelquefois doivent s'unir en énormes cascades. On s'aperçoit, à certaines places couvertes de gommiers, d'arbustes verts et de fleurs, qu'on approche des tropiques; des puits nombreux donnent de bonne eau aux voyageurs et aux petits groupes de nomades. Parmi les points les plus remarquables de la route, mentionnons seulement le puits de Falezlé, à 250 kilomètres de Rhat, et où se croisent diverses routes; l'une mène dans la montagne à l'Ouest, au campement sédentaire de Djanet; plus loin, le puits d'Issala, où les caravanes font souvent un séjour prolongé, celui de Maharraba à mi-chemin de Rhat à l'oasis d'Asben, celui d'Assiou aux confins des territoires des Hoggar et des Keloui, à la jonction des routes de Radamès et du Touat. Les vallées qu'on traverse, profondément encaissées, deviennent à partir de là encore plus verdoyantes, animées par des hordes d'antilopes et de gazelles et par des campements de sédentaires. Les montagnes de l'oasis, qui se dressent à de grandes hauteurs, donnent l'impression d'une région alpestre, qui a près de 2,000 mètres d'altitude.

L'été, éclatent de violents orages avec des pluies diluviennes, qui annoncent l'approche des contrées tropicales. Nous empruntons au récit de Barth la relation d'un de ces orages, non loin de Tintelloust. « Il avait tellement plu dans les environs que notre vallée, tranquille et large de 2,000 pas, fut changée subitement en un torrent plein jusqu'aux bords et assez puissant pour déraciner des arbres et entraîner des moutons et même des chameaux. Il était environ quatre heures du soir quand, dans notre camp retentit le cri : « Le flot arrive. » Une masse d'eau énorme, couverte d'une blanche écume, se précipitait du Sud, arrachait les arbres, emplissait toute la vallée et ne laissait que notre campement comme un îlot au milieu du fleuve. Au début, comme nous étions abrités, nous regardions ce spectacle, si singulier pour ce pays, avec une joie d'enfant, mais nous nous sentîmes bientôt menacés. Il fallut quitter notre îlot le lendemain pour en gagner un autre plus élevé, les chameaux nageant avec peine..... le flot tourbillonnant emportait des arbres assez gros et menaçait même la place élevée où nous étions; il n'y eut bientôt que juste l'espace pour nous tenir debout. Nous eussions été en péril de mort et aurions perdu tout notre bagage si l'eau n'avait cessé de tomber et si la vallée ne s'était vidée rapidement... Le lendemain, elle présentait une image extraordinaire de destruction. » Tintelloust, une des localités principales de l'oasis d'Asben, ne s'aperçoit que de très près, au milieu de bois épais de gommiers, que dominent de hautes cimes dénudées; mais ce n'est guère qu'un village d'une centaine de huttes. L'oasis d'Asben, dont il est à peu près le centre, a 200 kilomètres du Nord au Sud sur une largeur de 70 à 90 environ. Le milieu en est occupé par un massif granitique composé de plusieurs chaînes, bordées de vallées profondes; les eaux y tombent en abondance, surtout en septembre, et, par suite, il y a une très belle végétation arborescente et des pâturages, qui pourraient nourrir des troupeaux de bœufs; il n'y en a pourtant qu'un petit nombre; il y a davantage de chèvres mais point de moutons. Il n'y a que fort peu de chevaux. On cultive quelques palmiers-dattiers et des céréales, notamment le millet du Soudan. Dans les montagnes, les animaux sauvages sont nombreux, lions sans crinière, panthères redoutées, chacals, singes, antilopes, gazelles, autruches, oiseaux aquatiques. Jadis, le pays était habité par une population nègre, et on voit encore les ruines de plusieurs de leurs cités prospères; puis les Berbères Kel-Oui, à ce qu'il semble venus du Nord-Ouest, les dominèrent, se mêlèrent à eux par des mariages et enfin absorbèrent cette population aborigène. Aujourd'hui, ils ont le teint noir, mais ont gardé leurs mœurs berbères; de même leur langue, dialecte touareg, s'est imprégnée d'un grand nombre de mots provenant des langues soudaniennes. A la différence des autres Touareg, ils ne vivent pas sous la tente, mais dans des huttes groupées en villages. Il doit y en avoir un très grand nombre, car Barth estime qu'il y a chez les Kel-oui une dizaine de mille hommes armés, ce qui suppose une population de 50,000 habitants. La capitale de tout le pays, Agadès, se trouve un peu à l'ouest de la route des caravanes, à sept journées de marche au sud-ouest de Tintelloust. Barth qui y fit une excursion tandis que le reste de la mission demeurait à Tintelloust, la trouva en pleine décadence; ses compagnons la lui avaient décrite comme aussi étendue que Tunis et comptant soixante-dix mosquées. Soixante étaient abandonnées et en ruines; des quartiers entiers étaient déserts, et, sur les murs croulants, dans l'emplacement à moitié vide des marchés, de grands vautours au cou nu et rouge, au plumage grisâtre, guettaient leur proie sans être inquiétés. Il y a de six cents à sept cents maisons encore habitées, avec une population de 6,000 à 7,000 individus, dont bon nombre d'esclaves. Quelques monuments s'élèvent çà et là, un palais, une mosquée avec un minaret très haut et visible de loin, six écoles, etc. La ville, qui fut au XVIe siècle un des grands marchés de ces régions, n'a plus aujourd'hui que très peu d'industrie et de commerce; mais elle pourrait par sa position devenir un des comptoirs européens pour les transactions entre Rhat et Gogo. Il y vient actuellement quelques caravanes des salines de Bilma et un petit nombre de marchands du Touat. D'Agadès on peut en deux journées rejoindre la route de Tintelloust à Kano qui passe plus à l'Est; on est sorti de l'oasis montagneuse de l'Aïr et on traverse une région de steppes, absolument privée d'eau. On arrive ensuite au puits peu abondant de Tergulaen; comme il est le point de station obligé des caravanes, des Aoulimmiden et des Kel-Oui pillards rôdent constamment aux alentours. Quelques bosquets et un peu de verdure rompent çà et là la monotonie de la plaine sablonneuse. Au delà, pendant cinq jours de marche on traverse le pays des Tagama : le steppe s'anime peu à peu; la verdure et les arbres deviennent plus nombreux et plus beaux; des bandes d'antilopes et d'autruches, même de girafes, parcourent la plaine; quelques villages sont parsemés çà et là, entourés de petites cultures de millet; on rencontre parfois de petites caravanes de zébus porteurs. Peu après, on entre dans le Damergou, une contrée fertile, qui, avec un peu de travail, pourrait nourrir une population bien plus nombreuse que celle qu'elle renferme et fournir à une exportation active. Le climat est moins froid, l'hiver, que dans le Sahara; aux mares d'eau nombreuses on voit, outre des moutons et des chameaux, des bœufs, des chevaux et des ânes; les magasins de céréales sont élevés sur des piquets, à de grandes hauteurs, pour les mettre à l'abri des invasions de termites et de fourmis.

Les villages deviennent extrêmement serrés et populeux; une ville même s'y trouve, Taghelel, sur la route de Sinder et de Kano, qui sont parmi les plus grandes cités de l'Afrique centrale. Malheureusement, ce pays qui pourrait être si riche est fréquemment dévasté par les bande pillardes des Kel-Oui et des Aoulimmiden, qui y font même de grande chasses à l'homme. De là une insécurité générale et continuelle et souven l'abandon des villages et des cultures par leurs propriétaires.

On voit que la route orientale par Rhat et Radamès, sauf dans sa pre mière moitié septentrionale, est relativement facile et agréable. Il est bien regrettable pour nous que la Turquie la détienne. Aussi le but des deux missions Flatters était-il de trouver à travers le massif du Hoggar une autre voie menant vers Asiou, l'Aïr, le Damergou, les pays de Sokoto e du Bornou, si fertiles et si peuplés. Dans la première expédition, on all jusqu'au lac Mengouch, à peu près à la hauteur de Rhat, mais par un route extrêmement pénible; dans la seconde, on passa plus à l'Ouest pa un pays affreux, que jalonnent de rares puits, et l'on arriva à quelqu cent kilomètres d'Asiou quand survint la catastrophe. Ces deux voies qui jadis étaient suivies par des caravanes prenant du sel à la sebk d'Amadghor, nous sont aujourd'hui fermées par l'hostilité des Touareg et il n'est pas vraisemblable que de longtemps on puisse en tirer un part profitable.

Nous avons suivi jusqu'ici la route du Sahara au Soudan, la plus orientale qui soit à portée de nos possessions algériennes et qui malheu reusement passe par les deux villes turques de Radamès et de Rhat Chose étrange et qui mérite réflexion, c'est cette puissance musulmane de la Turquie qui a entre les mains la meilleure route vers l'intérieur de l'Afrique, car outre celle de Radamès et de Rhat qui pourra quelque jou acquérir de l'importance, elle en détient une autre encore plus à l'Est, la plus courte, la plus facile de toutes, la mieux parsemée de points d'eau et d'oasis; c'est celle de Tripoli au Niger par le Fezzan. Tripoli, quoique port de la Méditerranée est vraiment au seuil du Sahara; il est plus au Sud que nos villes du M'zab et que l'extrême limite de notre voie ferrée du département d'Oran; de ce port, où les marchandises d'Europe peuvent affluer, jusqu'à cette mer intérieure du Soudan qu'on appelle le lac Tchad, il n'y a pas 2,500 kilomètres à vol d'oiseau et les caravanes ne

MOURZOUK

mettent pas plus de deux mois pour la traversée. Aussi est ce par cette voie surtout que se fait maintenant presque tout le commerce entre la Méditerranée et l'Afrique centrale; même, depuis que l'Égypte est sous la tutelle de l'Angleterre, le Ouadai, le Darfour, le Kordofan, qui s'approvisionnaient jadis de ce côté, se sont volontairement fermé ce marché et reçoivent les approvisionnements et les munitions par la route de Tripoli. Chaque année il part de cette ville sept à huit grandes caravanes, de mille à trois mille chameaux chacune, frétées par des marchands juifs qui donnent une part des bénéfices aux Arabes armés et nombreux qui les escortent.

Pour donner une idée plus précise de la route et du mouvement commercial qui s'y opère, nous indiquerons sommairement la marche ordinaire de ces caravanes. De Tripoli, allant vers le Sud-Est, elles atteignent, à 270 kilomètres[1], les puits abondants de Bou-Ndjeïm, dépression où une cinquantaine de villages et de hameaux sont épars au milieu d'innombrables oliviers et arbres à fruits. La piste va ensuite droit vers le Sud-Est; à 200 kilomètres, après avoir traversé de nombreux ravins où il y a quelques puits et où, en creusant, on trouverait de l'eau en abondance, on arrive à l'oasis de Djofra, grande et peuplée de 6,000 habitants, et où il y a partout de l'eau à une profondeur de 3 mètres; il s'y élève trois villes, Sokna, la capitale, Ouadan, la ville sainte du groupe, Hon, la plus peuplée, et on remarque en quelques endroits des vestiges de l'occupation romaine. On est déjà dans la province du Fezzan, l'antique Phazanie, qui, bien que saharienne par son climat et ses productions, est déjà au point de vue ethnographique le seuil du pays des noirs. Au sud de Djofra, on franchit une chaîne de montagnes abruptes, le Djebel-Soda, qui coupe perpendiculairement la route, et on entre dans le hamada ou plateau rocheux rougeâtre, que traverse le lit humide et verdoyant de l'Oued-Chiati; des oasis avec des villages et même de gros bourgs jalonnent la route ou sont disséminés à droite et à gauche, jusqu'à Mourzouk, située dans une dépression où croissent des millions de palmiers. C'est une véritable ville du Désert, couvrant une superficie d'environ 3 kilomètres carrés, entourée d'une forte enceinte bastionnée et qui peut avoir de 7 à 10,000 habitants. Dans son vaste bazar, situé au milieu de la cité et entouré de portiques, on entend résonner toutes les langues de l'Afrique du Nord et l'on fait pour plus d'un demi-million d'échanges.

1. Les distances que nous indiquons sont en ligne droite; les caravanes s'en écartent généralement fort peu.

En dehors de la ville s'arrêtent les nombreuses caravanes, pour prendre un peu de repos et se préparer à la traversée des 1,500 kilomètres de désert qui s'ouvrent devant eux. Mais cette route est loin d'être inculte et inhabitée comme le sont tant d'autres voies sahariennes. A 200 kilomètres au sud de Mourzouk on aperçoit les beaux palmiers de l'oasis de Gatroun, une ville sainte et industrieuse de 2,000 habitants, à une centaine de kilomètres plus loin celle de Tedjerri, où les palmiers doum du Soudan se mêlent aux dattiers et où finit la province du Fezzan. A une centaine de kilomètres plus au Sud, après s'être arrêté au puits de Mechrou fréquemment comblé par les sables, on s'engage dans une longue gorge, appelée les Portes ou Biban et on entre dans une immense plaine de sable rougeâtre qui s'incline vers le Sud. Il ne faut pas moins de cinq à six journées de marche dans ce pays dénudé et pauvre, pour atteindre l'oasis de Jat, Sahiya ou « la Gaie », comme la nomment les Arabes, et qui contraste vivement avec les espaces stériles d'où l'on sort par ses fourrés de dattiers sauvages, de palmiers-doums, d'acacias et par ses prairies verdoyantes; à 75 kilomètres, nouvelle oasis, Yeggeba, puis à égale distance une autre immense et où la caravane reste deux jours entiers à parcourir les bouquets de palmiers, entremêlés çà et là de petites surfaces de dunes ou de roches; c'est l'oasis de Kahouar, avec 2,500 habitants répartis en plusieurs villages; des Tibbous, des Kanoris, des noirs y vivent sédentaires, tandis qu'autour d'eux errent des Arabes pillards, émigrés de la Tripolitaine. Ce qui fait l'importance de l'oasis, c'est l'existence dans sa partie méridionale de marais salants extrêmement riches, les marais de Bilma; d'après Nachtigal, il y vient chaque année 0,000 chameaux pour emporter des pains de sel à destination des diverses contrées du Soudan. De Bilma, il n'y a pas 150 kilomètres de sables à franchir, et encore interrompus par les deux oasis de Zaou et de

Dibbela, pour arriver à la zone des steppes. « Déjà, dit un éminent géographe, Élisée Reclus, les herbes croissent en abondance d'abord dans les creux, entre les ondulations du terrain, puis sur les renflements du sol; la teinte grise ou jaunâtre est remplacée par celle de la verdure; dans l'oasis d'Agadem, on aperçoit le premier arbre qui ne soit ni un palmier, ni un acacia; c'est le toundoub (*Capparis sodata*) au tronc tortueux et déchiré, aux grosses branches recourbées et pendantes. Il est peu de régions au monde plus riches en vie animale que cette zone des steppes sahariennes. C'est par dizaines, par centaines que les antilopes y paissent en troupeaux : en maints endroits, on pourrait se croire au milieu d'un immense parc peuplé d'animaux domestiques. Le désert est franchi. »

D'après ce que nous venons de dire, on peut juger combien la route de Tripoli-Mourzouk vers le lac Tchad est plus avantageuse que toutes les autres pour le mouvement des échanges entre l'Europe et l'Afrique centrale; c'est évidemment une des grandes voies du commerce de l'avenir. Voilà pourquoi le voyageur allemand Rohlfs s'écriait : « A qui possédera Tripoli appartient le Soudan, » et il encourageait l'Italie à prendre possession de la Tripolitaine.

CHAPITRE VIII

LE PAYS DES TOUAREG

Par la route de l'Ouest d'abord, par celle de l'Est ensuite, nous avons contourné le Sahara central, le pays des Touareg; nous avons vu leurs tentes de cuir près des ksour du Tidikelt, leurs huttes rondes près de Radamès, et partout sur les routes nous avons trouvé le souvenir ou même des traces du passage de leurs bandes pillardes. Il nous faut maintenant les aborder et pénétrer sur leur territoire. Certes, ce n'est pas chose facile; leur amour extrême de l'indépendance, bien plus que le fanatisme religieux, ferme à tout étranger l'accès des montagnes et des vallées de l'intérieur, où ils ont leurs stations de campement et leurs lieux de refuge. La grande mission de Barth et de Richardson n'a pu voir que la route de Rhat à Agadès. Duveyrier, malgré l'amitié de Si-Othman et d'Ikhenouken, n'a pu pénétrer dans le massif du Ahaggar. Edwin von Bary n'a pu explorer en leur compagnie qu'une très petite partie de la région au nord-ouest de Rhat. Enfin, la mission Flatters, qui pouvait espérer de traverser de part en part le pays des Touareg, a été surveillée pendant des semaines, attirée dans un odieux guet-apens et finalement massacrée. Ainsi les parties du Sahara central qu'ait vues un voyageur européen sont peu de chose eu égard à la surface de l'ensemble, et ce n'est guère que par ouï-dire, par des renseignements fournis à Barth, à Duveyrier, à Flatters par leurs guides, par des enquêtes auprès des esclaves ou marchands venus de chez les Touareg, que l'on peut indiquer les grandes lignes de la géographie. Dernièrement, une contribution importante a été apportée à cette étude; sept Touareg, de la tribu des Taïtok, c'est-à-dire de l'Ouest, ayant été faits prisonniers par des Châmba, furent internés à Alger, de longs mois. C'étaient des hommes intelligents, connaissant bien le Désert; un de nos officiers, M. Bissuel, les vit fréquemment, gagna quelque peu leur confiance et obtint d'eux des données précieuses, qu'il a publiées dans un livre fort précis et intéressant : *Les Touareg de l'Ouest*. Une carte y est jointe, reproduction fidèle d'une en relief qu'un des prisonniers avait offert de dresser avec du sable mouillé et où il avait figuré avec détails l'immense surface des pays que sa tribu a coutume de parcourir.

La région occupée par les Touareg s'étend à l'ouest de la brèche ou route de Rhat à l'Aïr, où passèrent Barth et ses compagnons, et que nous avons décrite dans le chapitre précédent; elle forme le cœur même du Sahara et est constituée par un ensemble de massifs et de plateaux encore imparfaitement connus. Le centre de cet ensemble est un massif puissant qui se dresse à huit degrés environ au sud de Ouargla et que domine un piton, l'Atakor-N'Ahaggar, « le Nez du Ahaggar », qui, d'après les informations recueillies par Duveyrier, n'aurait pas moins de 2,000 mètres et aurait de la neige pendant les mois d'hiver. De ce sommet, on voit s'étendre, sur une centaine de kilomètres, un plateau que sillonnent des ravins, où coulent quelques sources d'eau vive qui vont se perdre au Désert; là se trouvent le petit village d'Idelès et les campements habituels des Touareg de la confédération des Hoggar, les plus farouches de la race, les meurtriers de la mission Flatters. Autour de ce plateau central et dans toutes les directions, l'aspect est à peu près semblable ; du côté du Nord-Est et du Nord, s'abaissant par étages successifs, des plateaux rocheux, comme celui d'Amadghor avec le lac salé du même nom, celui du Tassili du Nord, avec des hauteurs d'un millier de mètres et qui va finir près de Rhat, ceux de Tinghert et d'Eguelé. Parmi ces plateaux, celui d'Amadghor est occupé par des Hoggar, les autres par des tribus des Azdjer, les anciens sujets du vieil Ikhenouken. Au Nord-Ouest s'étagent semblablement, en descendant du centre, les plateaux de Mouydir et du Tademaït, où les Hoggar circulent avec les nomades du Tidikelt ; à l'Ouest, on voit le puissant massif de l'Adrar-Ahnet, où vivent les Taïtok, alliés ordinaires des Hoggar, puis, plus au Sud, le désert crayeux du Tanezrouft, effroi des voyageurs qui vont à Timbouctou, plus au Sud encore, le pays montueux et relativement peuplé de la grande confédération des Aoulimmiden. Dans la direction exactement au sud du massif central, il y a un immense espace de plateaux rocheux de couleur rouge, encore mal connus, et vers le Sud-Est, à une distance de près de cinq degrés, le grand massif d'oasis d'Aïr ou Asben, que Barth appelait une Suisse saharienne et qu'habitent les tribus de la confédération des Kel-Oui. Au delà de cet ensemble de plateaux immenses, des lignes de dunes ferment cet espace sans bornes qu'on peut proprement appeler le Sahara central et qui est le domaine des Touareg, partagés en quatre confédérations : Azdjer, Hoggar, Aoulimmiden et Kel-Oui.

Le Sahara central a eu et a même encore quelques cours d'eau. Le plus important de tous, aujourd'hui desséché, est l'Igharghar, qui sans doute prend sa source près de l'Atakor-N'Ahaggar, à environ mille mètres d'altitude. Il va vers le Nord, et son lit est reconnaissable pendant plus de 800 kilomètres aux berges abruptes qui le bordent, interrompues seulement de distance en distance par des chaînes de dunes; le Hassi-Mokhanza, surface rocheuse lisse comme une dalle et longue de 250 kilomètres, en serait, suivant Flatters, la prolongation vers le Nord où le fleuve jadis allait se perdre dans les chotts voisins de l'Oued-R'ir. D'autres fleuves desséchés, des fleuves morts, descendent des flancs occidentaux du massif central et vont, sous le nom d'Oued-Temanrasset, d'Igharghar-Tadjerest, finir dans la dépression sablonneuse d'El-Djouf; enfin, à l'Est, le plateau est contourné par l'Oued-Tefasasset, qui peut-être jadis allait porter ses eaux au Niger. Dans les massifs rocheux qui s'élèvent au-dessus des plateaux, il y a de nombreuses cuvettes ou trous de rochers, où les eaux se conservent; tels les lacs Mihéro, où E. von Bary constata la présence de crocodiles, et le joli lac Mengouch, où la mission Flatters trouva d'énormes poissons. En beaucoup de points on sait par les dires des indigènes qu'il y a des marais et des sources, même des ruisseaux d'eau vive.

Maintenant que nous avons jeté un coup d'œil sur le pays, il convient d'examiner les hommes qui l'habitent. Le nom de Touareg, qui leur a été donné par les Arabes et dont nous nous servons ordinairement pour les désigner, n'est pas accepté par eux : on ne sait pas d'ailleurs sa véritable signification, car parmi les lettrés sahariens les uns prétendent que Touareg signifie « abandonné de Dieu », et d'autres « pillard de nuit ». Le nom national par lequel ces hommes se désignent eux-mêmes est celui d'Imoschrah ou Imaziren, les « hommes libres », nom que l'on trouve plus ou moins altéré dans les appellations de tribus que nous fournissent les auteurs grecs et latins, Mazices, Maxyes, etc. Cette nation d'hommes libres, qui occupe tout le massif central du Sahara, est divisée en mille tribus, groupées géographiquement en quatre confédérations : 1° celle des Kel-Oui, les « Touareg de la tête », comme disent les Arabes, sur les plateaux du Sud-Est, dans la région entre Rhat et le Soudan ; 2° celle des Aoulimmiden, sur les plateaux du Sud et du Sud-Ouest, dans la région de Taodenni, d'Araouan et de Timbouctou; 3° celle des Hoggar, sur les plateaux du Nord-Ouest, au voisinage d'In-Salah et d'Amguid ; 4° celle des Azdjer, sur les plateaux du Nord-Est, dans la région de Ghadamès et de Rhat. Les deux premiers groupes sont les Touareg du Sud étudiés surtout par Barth; les deux derniers sont les Touareg du Nord, parmi lesquels vécut Duveyrier et dont il a décrit la vie dans un beau livre intitulé : *Les Touareg du Nord*[1]. Ceux du Sud, par suite de leur voisinage du pays des nègres, ont reçu une forte infusion de sang nègre et ont une couleur beaucoup plus foncée que ceux du Nord. Dans toutes les tribus, des éléments étrangers sont venus altérer le type primitif : aborigènes vaincus par les Touareg et réduits à une sorte de vasselage, esclaves soudaniens, Arabes même, etc. Aussi chaque tribu pourrait être au point de vue de l'origine, du caractère physique et moral, l'objet d'une étude particulière. Nous devons nous borner ici à rappeler les caractères dominants et généraux, résultant de la race et du milieu géographique, et à parler surtout des Touareg du Nord, ceux avec qui nous sommes en contact et que, vraisemblablement, nous aurons sous peu à combattre.

En général, ils sont de haute taille, maigres, secs, nerveux ; leurs muscles semblent des ressorts d'acier; plusieurs sont de véritables géants. Ceux des tribus nobles ont la peau très blanche en naissant, mais bientôt bronzée par les ardeurs du soleil; dans les tribus serves, le teint plus

1. Paris, in-8°, 1864.

foncé est dû au mélange avec les nègres. Le visage est rond ou ovale ou allongé, le front large, les yeux noirs, quelquefois bleus, le nez assez fort mais non épaté, les lèvres non épaisses, la barbe rare, les cheveux lisses. Hommes et femmes ont les mains et les pieds petits avec de fines attaches, les bras et les jambes musculeux, le tronc large et bien développé. Les hommes, fort robustes, ont une démarche solennelle et saccadée, à grandes enjambées, semblable à celle de l'autruche et du chameau, due peut-être aussi à l'habitude de porter la lance en marchant. Les femmes, « grandes et belles, au port altier, ont, dit Duveyrier, une physionomie qui se rapproche plus de celle des dames européennes que de celle des femmes arabes ».

Tous les Touareg, nobles ou serfs, riches ou pauvres, portent les mêmes vêtements, les riches ayant seulement des étoffes plus belles et un plus grand nombre de vêtements. Par-dessus une chemise ou blouse large de cotonnade blanche très forte, ils ont un long pantalon large, en cotonnade bleue, lustrée, du Soudan, une longue blouse de même étoffe avec poches et une ceinture de cotonnade bleue ou de laine rouge; quelques-uns ont cette blouse faite de peau légère. La coiffure consiste presque toujours en une haute calotte rouge de Tunis, enveloppée parfois d'un morceau d'étoffe ou d'un turban. Ils ont, à cause de la chaleur et de la nature du sol, presque tous des chaussures, faites avec de fortes semelles de cuir de chameau, alors que les Arabes sahariens vont le plus souvent pieds nus. Un chapelet passé autour du cou complète ce costume sombre; l'indigo, dont il est teint, déteint aux jours de pluie sur la peau de l'homme, et, comme le Touareg ne se lave jamais, il garde toute sa vie une teinte livide, qui donne à sa physionomie quelque chose d'extraordinaire. Nous n'avons pas encore parlé d'une des particularités les plus étranges du costume masculin; c'est le voile ou *litham*,

TYPE TOUAREG

qui couvre la tête, le front, la nuque, la figure et le cou; les yeux seuls demeurent visibles, extraordinairement brillants et hagards comme ceux des fauves. Le voile est d'un usage général chez tous les Touareg et leur a valu de la part des auteurs arabes, dès le moyen âge, le nom de Molathemin, « les voilés », ou de Ahel-el-Litham, « les gens du voile ». Ils ne le quittent jamais, ni au repos, ni en voyage, ni même pour manger ou dormir ; on dirait qu'ils mettent une sorte de pudeur à ne jamais laisser voir les traits de leur visage. Ce voile a pour objet, dit-on, de préserver le Touareg de l'action trop intense du soleil, de la trop grande évaporation de la surface de la figure, d'empêcher l'introduction du sable fin dans la bouche et les narines; il sert, disent les autres, à empêcher les pillards d'être reconnus de ceux qu'ils dévalisent. Ces raisons sont insuffisantes à expliquer le port continuel du litham, aussi bien que ce fait que les femmes ne le portent point : il faut probablement y voir une très vieille coutume, qui a pu être amenée par les raisons indiquées plus haut, et qui a été transmise et religieusement observée comme une tradition nationale. Chose curieuse : les nobles, qui sont de race blanche, portent le litham noir; les serfs, qui sont d'un teint plus foncé, préfèrent le litham blanc, d'ailleurs moins coûteux ; d'où la distinction faite par les Arabes en Touareg noirs et Touareg blancs, distinction qui n'a aucun rapport, comme on l'a cru trop souvent, avec la couleur de la peau, mais bien avec celle du voile.

Les femmes ont un costume plus simple que les hommes; d'abord elles ne portent point le voile, et ce n'est que pour faire honneur à un hôte distingué, qu'elles lui parlent en lui tournant le dos ou en couvrant leur figure d'un pan de leur vêtement. Celui-ci consiste en une ou plusieurs longues blouses de cotonnade, serrées à la taille par une ceinture de laine rouge; par-dessus un longue pièce de laine, blanche, ou rouge, ou à raies blanches et rouges, dans laquelle elles se drapent. La coiffure consiste en cheveux arrangés en bandeaux recouverts d'une pièce d'étoffe de laine et de coton qui encadre leur face. Leur chaussure est semblable à celle des hommes, mais plus fine et ornée de broderies. Elles se teignent assez souvent la figure avec de l'ocre jaune et portent des bagues, des bracelets en verre ou en argent et des grains de verroterie. « Avec d'aussi minces éléments de toilette, dit Duveyrier, les femmes trouvent cependant le moyen de rappeler les déesses de l'antiquité. Le mariage des couleurs tranchantes se prête à de nombreuses combinaisons qui sont étudiées avec soin. »

Les Touareg vivent dans des campements, toujours choisis près des points les plus riches en eaux et en pâturages ; là les nobles vivent sous un abri qui est tantôt une tente en peau ou en laine, tantôt un tissu de chaume, supporté par un pilier central et des piquets ; les serfs ont de petites chaumières en branchages, avec des toits en roseaux, assez semblables à nos gourbis d'Algérie. Les chaumières, avec de petits jardinets à l'entour, sont groupées au nombre de dix à vingt ordinairement ; les tentes sont disposées de manière à former un cercle, à l'intérieur duquel on réunit les troupeaux pour la nuit. En marche, les nobles et les gens très riches seuls ont des tentes ; le reste de la tribu couche en plein air, sans ordre, au milieu des bagages qui servent d'abri contre le vent. « Quoique voyageant avec les chefs, et pendant huit mois, dit Duveyrier, je n'ai peut-être pas vu dix tentes. » Le mobilier du ménage targui, même dans les campements sédentaires, est de peu d'importance ; il consiste en nattes, tapis, peaux de bœufs tannées, coussins et matelas en cuir, outres, gourdes, vases de terre et de bois, mortiers, lampes, miroirs, violons, la plupart fabriqués dans la maison même, quelques-uns venus par les caravanes du Maroc ou de Tripoli.

Les Touareg, habitant le pays le plus pauvre de notre planète en ressources alimentaires, sont certainement la race la plus sobre qu'il y ait au monde. Même les plus riches se contentent ordinairement de ce qu'ils peuvent se procurer à bas prix et d'une très petite quantité : des dattes, des jujubes, des farines de blé, d'orge ou de loul, dont on fait des galettes ou un brouet aussi frugal que celui des Spartiates, un peu de légumes frais près des campements, surtout des légumes sauvages, constituent avec le lait des chamelles la base de la nourriture ; de temps à autre un peu de viande d'antilope ou de gazelle boucanée, et, aux jours de grande fête ou pour l'arrivée d'hôtes distingués, on tue quelque animal domestique ; ajoutons encore, en certaines années heureuses, les sauterelles. Au campement, le Targui fait deux repas par jour ; en marche, il se contente d'un seul, le soir, à la halte. Les pauvres sont quelquefois si pressés par la faim qu'ils recherchent avidement les peaux des animaux tués pour les repas des riches, les ébouillantent pour en détacher le poil, puis les découpent en minces lanières comme du vermicelle et les font frire ou cuire à l'eau ; d'autres fois, ils mâchent et essayent de digérer ces herbes sèches, qui ne conviennent qu'aux estomacs des chameaux. Il arrive souvent à des Touareg de voyager plusieurs jours sans boire ni manger ; alors, pour mieux supporter ces horribles privations, ils se serrent fortement le ventre avec une ceinture ou une courroie. Si cette sobriété extrême est leur condition normale, ils montrent aussi en certains cas une voracité dont rien ne peut donner une idée aux habitants des pays européens. Chaque Touareg qui vint voir la première mission Flatters mangeait par jour la quantité de couscoussou qui aurait suffi à dix personnes. Toutes les fois que ces affamés trouvent à manger gratis, ils se gorgent et font provision pour longtemps. Chose remarquable, ces voraces, qui n'ont la plupart du temps presque rien à manger, repoussent avec horreur les œufs, les oiseaux, les poissons ; il n'y a que les serfs, ou encore les marabouts, c'est-à-dire les Touareg très arabisés, qui mangent ces diverses choses.

Grâce à leur vie généralement frugale, les Touareg échappent à une foule de maladies qui sévissent sur les gens bien nourris ; ils conservent jusque dans un âge avancé leur agilité et leur vigueur. Le vieil Hadji-Ikhenouken, à cent ans, conduisait encore ses guerriers aux lointaines expéditions et aux batailles ; les centenaires sont nombreux, et l'on cite des cas de longévité de cent cinquante et cent soixante ans. Il faut ajouter que le rude climat du Désert doit enlever de bonne heure ceux qui sont nés débiles et ne laisser vivants que les mieux organisés et les plus robustes. Mais les maladies provenant de la misère, du manque de propreté sont fréquentes, et, en nul pays, il n'y a plus d'aveugles.

Les Touareg, les « abandonnés de Dieu », comme les appellent les Arabes, sont musulmans convaincus mais pratiquent peu. Qui d'entre eux pourrait s'aventurer au long pèlerinage de la Mecque, laissant les siens sans défense au milieu d'une société toujours troublée ? Aussi n'y en a-t-il qu'un petit nombre qui deviennent *hadjis* et on les vénère beaucoup. Ils n'ont pas de zaouia, ou du moins on ne leur en connaît qu'une seule, celle de Temassinin, fondée par Si-Othman, dignitaire de l'ordre de Tedjini ; leurs seuls monuments d'un caractère religieux sont des tamedjida, en arabe *mekkam*, constitués par des pierres plantées en hémicycle, parfois réunies entre elles de façon à former un petit mur à hauteur d'appui ; on les élève à peu de frais dans les endroits où sont enterrés des personnages morts en odeur de sainteté, ou bien encore là où ils avaient coutume de faire leurs dévotions. Les Touareg, quand ils ont le temps, y font leurs prières. Les autres obligations du Coran ne les préoccupent guère ; ils ne sont pas assez riches pour faire l'aumône, ayant à peine de quoi se suffire ; l'eau est trop rare et trop précieuse pour qu'ils la dépensent souvent en ablutions. Presque tous se contentent de les faire avec le sable ou encore de se frotter les pieds, les jambes, les bras, les mains et le visage avec un caillou. Ceux du Nord ont même horreur de l'ablution avec l'eau, croient que cela amollit leur épiderme et lui enlève cette insensibilité qui les préserve de la brûlure du soleil et du froid des nuits. Il est juste de remarquer que les Taïtok, prisonniers à Alger, n'avaient point ces préjugés et se lavaient fréquemment et avec soin.

Bon nombre de Touareg sont affiliés à des confréries religieuses ; celle de Senoussi, qui nous fait une guerre si acharnée, a de nombreux adeptes chez les Azdjer et les Hoggar ; celle de Tedjini, malgré la zaouia de Temassinin, et peut-être parce qu'elle ne nous est pas hostile, paraît avoir perdu son influence d'autrefois ; celle de Sidi-Bakkay, de Timbouctou, est encore puissante chez les Aoulimmiden, et il se peut enfin qu'il y ait un certain nombre d'adeptes de la confrérie de Mouley-Taïeb, répandue surtout dans le Sud marocain. Beaucoup de Touareg sont superstitieux au plus haut point et gardent certaines croyances qui paraissent extrêmement anciennes. Ils admettent la communication entre les vivants et les esprits des morts ; quand, par exemple, les Touareg sont partis pour des courses lointaines et tardent à revenir, leurs femmes, parées de leurs vêtements et ornements les plus riches, vont se coucher sur les anciennes tombes, où elles évoquent l'âme de celui qui les renseignera. A leur appel, un esprit se présente sous la forme d'un homme. Si l'évocatrice a su le gagner par ses prières, il lui raconte tout ce qui s'est passé dans l'expédition ; au cas contraire, il l'étrangle. Il va sans dire que les femmes reviennent toujours, et avec des nouvelles qui sont, dit-on, confirmées par les voyageurs à leur retour. Les Touareg croient aussi à l'existence des génies et les représentent comme des êtres de forme humaine, avec une queue, des cornes et du poil pour vêtement; peut-être est-ce là un vestige de la croyance au diable. Il y a des endroits particulièrement hantés par les génies, endroits où nul homme ne peut aller sans être frappé de mort subite. Pour les gens de Radamès, c'est le cas de la vieille cité de Tarhout, dont on voit les ruines sur un plateau abrupt, à une dizaine de kilomètres à l'est de l'oasis. Pour les Azdjer, la demeure des génies est dans ce massif composé d'énormes blocs de pierre, lavés par les eaux et affectant des formes étranges, que les indigènes imaginent être les détails d'architecture d'un palais enchanté, massif que l'on nomme Ksar-Djenoun, « la forteresse des génies » ; nul Targui n'y voulut accompagner Barth, et, comme le voyageur y faillit mourir de soif et dut s'ouvrir une veine et boire de son sang pour résister, la croyance au destin qui menace ceux qui s'aventurent dans le palais des génies ne doit pas s'être affaiblie. Chez les Hoggar, c'est au mont Oudan que résident les génies; ils ont l'humeur batailleuse et vont souvent faire la guerre à leurs frères des Azdjer : on entend souvent dans les airs le bruit de leurs combats. Chez les Touareg de l'Aïr, les génies habitent une oasis enchantée, pleine de riches pâturages et de forêts de palmiers, que nul voyageur ne peut atteindre, mais où vont parfois les chameaux. Les Taïtok croient à des génies, à des ogres, à des revenants, êtres mauvais qui s'ingénient à tourmenter les hommes, qui accaparent l'eau des puits, mangent les racines des plantes et les empêchent de repousser, tuent même parfois les voyageurs isolés, ou les font s'égarer par des mirages décevants. Les Touareg de cette tribu admettent aussi l'existence, sur les monts de l'Adrar-Ah'net, d'un être extraordinaire qui a la grosseur d'un bœuf, la forme d'une boule et une gueule énorme par où il lance des flots d'eau bouillante. Il vit caché dans les grottes, qui

TOUAREG TAÏTOK

sont nombreuses en ce pays, changeant chaque jour de demeure afin qu'on ne puisse le trouver; il n'attaque jamais et dort le plus souvent, mais si quelqu'un pénètre dans sa grotte, le monstre l'inonde d'eau bouillante ; le malheureux, tué et cuit en même temps, est mangé par la bête, qui recommence à dormir.

Bon nombre de Touareg racontent ces fables avec un sourire sceptique et paraissent ne pas croire aux génies ; mais tous redoutent les devins et les sorciers, croient au mauvais œil, aux sorts jetés, à l'efficacité des amulettes. Ils en sont couverts, comme d'ailleurs bon nombre d'Arabes, et les portent dans des sachets attachés par un cordon qui doit être rouge ou jaune. Ce sont le plus souvent des versets du Coran : les uns ont pour but de procurer le bonheur à la chasse ou à la guerre, la fortune, la satisfaction d'un désir ; les autres, en plus grand nombre, éloignent le mal, préservent des maléfices des génies, de la morsure des serpents, de l'atteinte des balles, des maladies, etc.; chacun ne vaut que pour une seule chose et de là l'obligation d'en avoir de toutes sortes pour parer à tous les périls. Une autre coutume curieuse des Touareg, et qui leur est aussi commune avec bien d'autres populations fétichistes, c'est la terreur qu'ils ont de la mort. Quand un d'entre eux est décédé, après la cérémonie des funérailles, après avoir lavé et enseveli le corps et fait le repas funéraire, on ne parle plus du défunt, on évite de prononcer son nom, et, afin que son souvenir disparaisse tout à fait de parmi les vivants, on n'appelle plus ses enfants, fils ou fille d'un tel, comme chez les Arabes, mais on leur donne un nom qui leur est personnel [1]. Souvent même on abandonne le lieu où la mort est survenue et on transporte le campement à grande distance de là.

1. On fait exception à cette coutume pour les familles des marabouts et pour celles des chefs, dont l'histoire est liée à l'histoire même de la tribu

Les Touareg sont très loin de manquer d'intelligence ; tous les voyageurs qui se sont entretenus avec eux vantent leur facilité à comprendre, leur curiosité toujours en éveil, le bon sens de leurs jugements ; sous tous ces rapports, ils sont bien supérieurs aux Arabes. Ils ont aussi des connaissances précises, qui tiennent à leur mode particulier d'existence. Dans les belles nuits étoilées du Sahara, ils ont pris une notion exacte de l'aspect du ciel et des mouvements apparents des astres ; ils connaissent les constellations, appellent d'un nom particulier les diverses étoiles, les reconnaissent fort bien et savent d'après elles ou se guider ou indiquer l'orientation de leur marche. Voyageurs infatigables, sans cesse en mouvement entre le Soudan, d'une part, le Maroc, l'Algérie et Tripoli, d'autre part, ils connaissent à merveille les routes, les puits, les régions de dunes ou de roches, les tribus : même ils ont un véritable instinct géographique. Le cheikh Othman, le compagnon de Duveyrier, lui fit avec du sable une véritable carte en relief des pays qu'il connaissait et que le voyageur français ne pouvait explorer. Quand, récemment, le commandant Bissuel interrogea les Taïtok prisonniers, il chercha d'abord à construire une carte d'après leurs indications. Ils s'intéressaient à son travail, et, je cite ici les paroles mêmes du commandant, « Chikhad-ag-Rali nous demanda de lui faire apporter quelques sacs de sable humide, se faisant fort, avec l'aide de ses compagnons, d'exécuter un plan en relief de toute la région de l'Adrar-Ah'net. Ce travail fut terminé assez rapidement et avec une précision telle que nous avons pu en faire un levé topographique, dont les détails nous ont été donnés, successivement, pour chaque accident de terrain[1] ». Outre ces connaissances géographiques, les Touareg doivent à leurs grands voyages de savoir très bien distinguer les plantes, leurs propriétés utiles ou nuisibles, les

1. H. Bissuel, *Les Touareg de l'Ouest*. Alger, in-8°, 1888, p. 40.

terrains qu'elles préfèrent, les époques de leur floraison et fructification ; de même ils connaissent les principaux animaux de leur pays et leurs mœurs ; ils ont aussi presque tous des notions de médecine et d'art vétérinaire, qui suffisent à leurs besoins. Ils sont habiles à deviner sous le sol la présence de l'eau par l'aspect particulier de la végétation, à forer des puits, observant avec soin les couches traversées et donnant un nom à chacune.

Quant à la langue parlée par tous les Touareg, c'est un dialecte et probablement le mieux conservé de cette vieille langue parlée jadis dans toute l'Afrique du Nord et qu'on appelle d'un nom sans grande valeur scientifique, le berbère, ou, comme disent les Sahariens, le *temacheq*. C'est même, seuls de toutes les fractions éparses de la race, les Touareg qui ont conservé jusqu'à nos jours, le vieil alphabet de cette langue, le *tifinagh*. Beaucoup d'entre eux, et ce sont surtout les femmes, savent encore s'en servir; d'autres écrivent avec des caractères arabes. Quant à la langue tamacheq, bien qu'il y ait des différences notables de prononciation entre les gens des quatre confédérations, elle est entendue de tous les Touareg ; bon nombre aussi peuvent en outre se servir de l'arabe. Chez les Touareg du Nord, la langue nationale a naturellement reçu un certain nombre de mots arabes, tandis que chez les Touareg du Sud se sont glissés quelques mots des langues soudaniennes.

Nous venons de dire que c'étaient ici les femmes surtout qui savaient écrire et cela peut paraître bien étrange à qui connaît l'ignorance profonde où croupissent les femmes dans le monde musulman ; c'est que la femme occupe en effet chez les Touareg une tout autre place que chez les Arabes. Jeune fille, elle reçoit de l'éducation ; elle apprend à lire et à écrire le tifinagh et l'arabe, à faire des vers, à jouer d'un violon semblable à la *rebaza* des Arabes, à broder; il n'est pas rare de voir parmi elles de véritables poètes. Elle se marie tard relativement, à dix-huit ou vingt ans, quand elle a déjà conscience de sa volonté et des facultés développées, et elle ne permet pas que son mari lui donne une rivale, bien que le Coran l'autorise ; elle garde la libre administration de ses biens personnels ; elle mange à la table de son mari, même devant les étrangers ; elle ne porte point de voile et va partout librement ; elle donne des soirées, des concerts où les amis viennent parfois de 100 kilomètres à la ronde ; si elle est riche, elle s'évite tout travail servile, car les esclaves font toute la besogne du ménage. A tous ces points de vue, la femme targuie est bien mieux traitée que la femme arabe et fait respecter ses droits ; cette situation lui donne un juste sentiment de ses devoirs, de la décence, de la pudeur, du courage et de la fidélité. « Ce n'est pas sans quelque émotion, dit Duveyrier, qu'après avoir traversé quatre cents lieues de pays dans lesquels la femme est réduite à l'état de bête de somme, on constate en plein désert, une civilisation qui a tant d'analogie avec celle de l'Europe chrétienne au moyen âge. »

L'état social des Touareg est aussi tout à fait original ; il y a des tribus nobles, *ihaggaren*, qui constituent la classe dirigeante des confédérations ; des tribus serves ou *imrad*, petites tribus trop pauvres ou trop peu nombreuses pour se défendre elles-mêmes, et qui achètent la protection des tribus nobles par une redevance ; il y a aussi des tribus protégées qui, moyennant une rente, ont droit à la protection mais gardent leur autonomie et se gouvernent comme elles l'entendent. Dans les confédérations des Azdjer et des Hoggar, chaque imrad est le serf d'un seigneur déterminé ou mieux d'une famille seigneuriale ; chez les Taïtok, il est le vassal de la tribu et paie à l'ensemble de celle-ci sa redevance. D'ailleurs aujourd'hui bien des imrad sont devenus riches et les alliances entre leurs familles et celles des nobles sont fréquentes. Les unes et les autres ont des esclaves noirs; il est peu de familles assez pauvres pour n'avoir pas au moins une négresse. Disons d'ailleurs que l'esclavage chez eux est très doux et que les esclaves sont considérés et se considèrent eux-mêmes comme les enfants de leurs maîtres. Dans toutes les tribus il y a des marabouts, nobles d'origine, qui ont abdiqué toute ambition politique pour ne s'occuper que des choses religieuses, ce qui leur donne une grande autorité morale. Ils sont à la fois prêtres, instituteurs de la jeunesse, conciliateurs et juges dans presque toutes les querelles d'individu à individu et de tribu à tribu; la plupart sont en voyages presque continuels, se portant partout où leur intervention est nécessaire. Quant à la forme du gouvernement, elle varie beaucoup suivant les régions; chez les Azdjer il y avait autrefois un grand chef, une sorte de roi élu dans une famille noble; dans d'autres confédérations il y a un *amghar* et au-dessous de lui des chefs de tribus. Les nobles, et en certains endroits les imrad, forment une sorte d'assemblée qui élit les chefs et traite de toutes les questions intéressant la tribu ou la confédération.

Les Touareg, à cause même de la nature du pays où ils vivent, ne sont agriculteurs qu'exceptionnellement; même dans les régions bien pourvues d'eaux potables et recouvertes d'une abondante végétation herbacée, il n'ont que de maigres jardinets. A l'étonnement qu'on manifestait à ce sujet devant les prisonniers Taïtok, ils répondaient qu'ils ne cultivaient pas parce que leurs pères ne l'avaient pas fait avant eux, parce que les moyens d'existence dont ils disposent leur paraissaient suffisants, parce qu'enfin, satisfaits de leur sort, ils n'éprouvaient nul besoin d'augmenter leur bien-être, au prix d'un labeur dont ils ne reconnaissaient pas la nécessité. Dans leur pays montagneux il n'y a en effet que deux points où la culture soit un peu importante : Silet, avec des palmiers enfoncés dans le sable comme ceux du Souf et aussi nombreux que ceux d'El-

Goléa, et Belessa, à une journée de marche au Nord-Est. Chez les Touareg du Nord, en dehors des oasis de Radamès, de Rhat, d'Idelès et de Têt, on ne cite chez les Azdjer que trois groupes de dattiers et deux de figuier et à peine un plus grand nombre chez les Hoggar. Les Aoulimmiden ne sont pas mieux partagés, et il n'y a guère que les Kel-Oui de l'oasis montagneuse d'Asben chez qui la culture donne quelques ressources. Les quelques espaces où l'on travaille la terre sont de petits potagers ou de minuscules jardins fruitiers. La ressource la plus importante des Touareg consiste dans leurs troupeaux de chameaux, de zébus ou bœufs à bosse, de moutons sans laine, de chèvres; il ne paraît pas qu'il y ait chez eux de propriétaires de grands troupeaux: ils ont aussi quelques chevaux, un très grand nombre d'ânes et des chiens. L'industrie est peu active et suffit à peine aux besoins les plus ordinaires et les plus essentiels; on ne fabrique guère que des vases d'argile ou de bois, des tentes, quelques armes et des objets de harnachement; les vêtements sont faits par les femmes avec des étoffes apportées du dehors.

La véritable occupation des Touareg, ce qui les fait vivre presque tous, c'est le voyage comme guides ou chameliers, la chasse aux antilopes, gazelles et autruches, c'est surtout la guerre ou du moins la razzia; on dit que de là vient leur nom et c'est dans la réalité leur mode normal de se procurer de quoi vivre. Dans l'immense espace qu'ils parcourent ils ont mainte fois enlevé les caravanes, obligé les autres à leur payer des droits de passage, tombé à l'improviste sur des tribus voisines, répandu partout la terreur de leur nom. Qu'il soit en course ou dans ses campements, le Targui est toujours armé; il a, sous l'avant-bras gauche, un long et large poignard enfermé dans un bracelet de cuir, une épée à deux tranchants, à lame large et droite et à poignée en forme de croix. A cheval, il a encore un long javelot tout en fer, à pointe barbelée et qu'il lance sur son ennemi à faible distance, une lance, avec un fer crochu au bout, et jadis un arc et des flèches, ainsi qu'un bouclier en cuir d'antilope; jadis les Touareg se servaient peu du fusil et du pistolet, qu'ils nommaient « les armes de la traîtrise », mais depuis quelques années tous se sont procurés des fusils à piston, à deux coups, de provenance anglaise et par la voie du Maroc et de Tripoli font venir de la poudre. Le sabre, lourd et grand, est entre leurs mains une arme terrible, avec laquelle ils s'efforcent de couper les jarrets de leurs ennemis et dont ils se servent toujours dans les combats corps à corps. Ajoutons pour compléter ce qui concerne leur armement, qu'ils se mettent au bras droit, dès que l'âge leur permet de prendre les armes, un anneau large et fort en pierre, ordinairement en serpentine, qui une fois mis en place n'est jamais enlevé ; c'est, disent-ils, pour donner plus de force au bras qui doit asséner le coup de sabre et pour écraser les tempes de l'adversaire avec qui ils luttent corps à corps.

Les chevaux sont rares chez les Touareg; au pays des Azdjer, lors du voyage de Duveyrier, il n'y en avait pas plus d'une dizaine ; chez les vingt et une tribus des Taïtok il n'y en a que vingt; ils sont ordinairement de petite race, mais très rapides et très résistants et appartiennent aux chefs. Le véritable animal de guerre, celui sans lequel ces grands pillards ne sauraient subsister, c'est le méhari. En expédition, les combattants sont tous montés, car à pied ils ne pourraient pas suivre. Chacun n'emporte que ses armes, de l'eau et des vivres, bagage toujours léger car en marche on ne mange qu'une fois par jour et une quantité minime; pas de tente, pas de réserve de vivres, aucun convoi ou impedimentum. Il y a deux genres d'expédition, la guerre proprement dite contre une tribu ennemie, pour venger une insulte, et la razzia pour faire du butin. Dans le premier cas, on envoie en avant des éclaireurs pour savoir en quel point se tient l'ennemi et pour savoir quelle est sa force; si l'on a des chances de succès on active la marche, tout en se dissimulant avec soin et on tâche de surprendre les adversaires. L'action s'engage à coups de fusil; puis on avance, chaque Touareg lance son javelot, ensuite met le sabre en main et on se bat du haut des méhara; on cherche surtout à couper les jambes du méhari ennemi pour que l'homme tombe. Souvent aussi on met pied à terre; le parti resté maître du terrain ramasse les armes et ensevelit ses morts; rarement ils sont nombreux, car le parti le plus faible cherche le plus souvent son salut dans la fuite. Si l'ennemi est trop nombreux, les Touareg s'éloignent au plus vite et en se cachant; mais s'ils sont serrés de trop près, ils font coucher les méhara en cercle ou en carré, et derrière ce rempart vivant font tête et avec la plus grande bravoure. Dans les expéditions qui ont pour but le pillage, l'enlèvement d'un troupeau, on choisit ordinairement les plus chaudes journées de l'été; on va avec la plus grande rapidité possible, on tombe sur le campement où tout le monde sommeille sous la chaleur ou sur le troupeau qui paît sans gardien, on enlève celui-ci et puis on repart en toute hâte; on sait en effet que la tribu razziée sera bientôt prévenue et en armes et que, se portant rapidement à la poursuite des pillards, elle tentera de reprendre son bien. Nous raconterons ici, pour donner une idée exacte de ces batailles sahariennes, l'histoire d'une récente razzia qui coûta cher aux Touareg et amena plusieurs d'entre eux prisonniers à Alger.

C'était au mois de juillet 1887; un chef d'une famille d'imrad chez les Taïtok-R'alem, Hammami, imagina d'aller faire une razzia sur les Châmba d'El-Goléa; la chose semblait facile, car depuis une trève conclue en 1885, ceux-ci ne se tenaient plus sur leurs gardes et l'été laissaient leurs chameaux errer en liberté aux environs d'El-Goléa. Hammami avait près de lui un jeune guide de dix-huit ans, originaire des Châmba, mais ayant depuis longtemps oublié sa tribu et vécu à In-Salah d'une vie d'aventure et de pillage; il connaissait merveilleusement toutes les routes du Désert; ce guide et les frères et fils d'Hammami acceptèrent avec enthousiasme la proposition de leur chef, puis quelques autres pillards, et on partit d'Ouahaïen, le 22 juillet, pour cette course de 850 kilomètres, au milieu des ardeurs torrides de l'été. On marchait dès la pointe du jour, puis après une halte pendant la grande chaleur, on repartait le soir. Après dix jours de marche, la colonne, renforcée de quelques Touareg rencontrés en chemin, comptait quarante-cinq méhara, tous montés par des hommes vigoureux et résolus. On s'arrêta à In-Sokki, en prenant toutes les précautions pour ne pas être vu. Malgré cela, un Châmbi, qui se trouvait à In-Salah, exilé de sa tribu, apprit le mouvement de la colonne et, désireux de rentrer en grâce près des siens, partit en hâte sur les traces du rezzou, fit 300 kilomètres en trois jours et trois nuits et vint, épuisé, avertir le caïd d'El-Goléa, le 6 août; mais le lendemain les Touareg avaient dès le matin, à une centaine de kilomètres de là, enlevé cent trente chameaux sans gardiens, puis, trouvant ce butin trop maigre, s'étaient divisés en deux colonnes, dont l'une devait chercher une nouvelle proie, l'autre emmener le plus vite possible les animaux capturés.

Cependant, le caïd d'El-Goléa comprit qu'il était trop tard pour poursuivre le rezzou qui emmenait les chameaux, mais avec tout le monde qu'il avait sous la main, il se porta à Hassi-Inifel, le seul point d'eau où les pillards pussent passer. Il y arriva avant eux le 8 août, au point du jour, et occupa le puits. Deux heures après, le rezzou y arrivait, exténué par une course de 250 kilomètres fournie en cinquante et une heures, malgré la difficulté résultant de la conduite des cent trente chameaux enlevés. On s'observa quelque temps, les Touareg attendant pour combattre, l'arrivée de leur autre groupe; le soir, ils tentèrent cependant de s'emparer du puits, car la soif les dévorait, mais ils furent mis en fuite, eurent leur chef tué et laissèrent à l'ennemi les chameaux razziés, dix méhara et deux de leurs hommes prisonniers. La seconde troupe de Touareg vint le 9, au point du jour, près du puits; quand ils virent les Châmba, ils se jetèrent dans une sorte de lieu de refuge, où les voyageurs déposent des offrandes que les pauvres peuvent manger, et qui s'appelle la zaouia de Sidi-Abd-el-Hakem. On ne les força point dans cet asile, mais l'eau et les vivres qui s'y trouvaient furent épuisés bien vite; la soif força vers le soir tous les Touareg à se constituer prisonniers. Le 10 août, les Châmba reprenaient le chemin d'El-Goléa, avec leurs chameaux repris, vingt-six méhara de l'ennemi et dix-huit prisonniers. En route ils s'animèrent les uns les autres, rappelèrent que jadis des Ouled-Moulet, à qui ils avaient accordé la vie sauve, avaient ensuite organisé contre eux une nouvelle expédition. Ils résolurent la mort des prisonniers et on en fusilla huit, séance tenante. Les autres se jetèrent aux pieds d'un des nobles Châmba, qui, les entraînant rapidement, parvint à leur sauver la vie. Cette expédition avait été désastreuse pour les Touareg, car ceux même qui avaient pu fuir d'Hassi-Inifel, étaient tombés au milieu d'un autre parti de Châmba et avaient perdu plusieurs d'entre eux. Des quarante-cinq hommes qui étaient partis de l'Adrar-Ah'net, quatre avaient rétrogradé quelques jours après le départ, quinze avaient pu, après mille périls, regagner leurs tentes, seize avaient été tués, huit faits prisonniers; deux, perdus dans le Sahara sans vivres et sans eau, y étaient morts de privations[1].

Maintenant que nous connaissons le type physique, les vêtements, la manière de vivre des Touareg, il nous faut chercher à esquisser leur

1. D'après l'ouvrage du commandant Bissuel, p. 193-203.

portrait moral, tâche particulièrement délicate. Il est toujours difficile de marquer les qualités et les défauts qui distinguent l'ensemble d'un peuple, mais la chose devient plus difficile encore quand il s'agit d'un peuple dont les diverses fractions sont éparses à de grandes distances, ce qui est vrai de l'une pouvant n'être pas vrai pour l'autre. Ajoutons que nous avons contre les Touareg de légitimes ressentiments, qui peuvent égarer un peu notre impartialité. Duveyrier, qui avait trouvé parmi eux une noble hospitalité et devait à Si-Othman d'avoir pu parcourir le pays des Azdjer, Barth, qui avait dû à la protection du chef des Aoulimmiden de demeurer six mois à Timbouctou, malgré l'hostilité des Peulhs, avaient leurs raisons pour faire à ces Sahariens une réputation de loyauté, de générosité, d'esprit chevaleresque. L'égorgement de Dournaux-Duperré et des Pères blancs, le massacre de la mission Flatters dans un odieux guet-apens et par des procédés déloyaux, nous ont fait voir les Touareg sous un tout autre jour. Pour nous, nous ferons taire ce que de douloureux souvenirs nous donnent de rancune légitime et nous chercherons, sans autre souci que celui de la vérité, à démêler, dans le caractère si complexe de ces grands nomades, la part du bien et la part du mal.

Et tout d'abord, ils ont une qualité qu'une race comme la nôtre est capable d'apprécier, c'est l'humeur guerrière, la bravoure, l'audace, le mépris de la mort. Tous les Touareg sont renommés parmi les Sahariens pour leur vaillance; s'ils fuient, quand ils se jugent trop faibles, c'est tous ensemble et par tactique; celui qui lâcherait pied avant l'ordre et laisserait combattre ses frères serait déshonoré dans sa tribu et flétri par les chants des femmes. Les fatigues surhumaines, les périls d'une entreprise ne les effrayent jamais; nul souci de la vie ne les arrête. Beaucoup tombent sur les champs de bataille ou portent, leur vie durant, de profondes cicatrices des blessures reçues. Quand, parvenu à un âge avancé, le Targui voit venir sa dernière heure, il garde ordinairement toute la lucidité de son esprit. « Il réunit autour de lui sa femme, ses enfants, ses parents et leur adresse ses dernières recommandations; puis, conformément aux préceptes religieux, qu'il a peut-être un peu négligés au cours de son existence aventureuse, mais qu'il se rappelle au moment suprême, il prononce la profession de foi islamique, ou, s'il n'en a plus la force, il lève l'index de la main droite et rend le dernier soupir. » Cet homme aventureux aime profondément sa famille et son pays; toute naissance, même celle d'une fille, est pour lui un motif de joie, en dépit de son horrible pauvreté. Prisonnier, il risquera vingt fois la mort la plus affreuse pour rejoindre les siens. Quand il a donné sa parole à un musulman comme lui, il la respecte religieusement. Il se garderait de toucher aux marchandises, aux provisions que les caravanes laissent parfois en dépôt, en certains endroits du Désert. Il traite ses esclaves et ses serfs avec douceur, et on ne connaît pas d'exemple d'une révolte de ses subordonnés. Entre les Touareg existe un sentiment de vraie et profonde solidarité; un d'eux est-il en voyage, un voisin à qui il a confié sa tente, prend soin de sa femme et de ses enfants, surveille ses intérêts avec autant de sollicitude que les siens propres. Dans une caravane, si l'un des voyageurs vient à mourir, ses camarades acceptent, *ipso facto*, la mission de gérer ses affaires et au retour rendent un compte fidèle à ses héritiers. A ces qualités de bravoure, de fermeté contre la douleur, de loyauté dans les affaires, le Targui ajoute presque toujours un sentiment très vif de sa dignité personnelle, une décence dans les paroles et la tenue, qui contrastent profondément avec les mœurs arabes.

Nous avons dit le bien; il faut indiquer aussi les ombres à ce tableau. Les Touareg sont souvent violents, emportés, vindicatifs; œil pour œil, dent pour dent est la loi de leur justice, et la fureur les entraîne même à des cruautés plus terribles que celles de la peine du talion. Durs à eux-mêmes, ils sont indifférents aux souffrances des autres. L'amour de l'indépendance, qui les a amenés jadis et qui les a maintenus dans les affreuses solitudes du Désert, les rend sauvages dans la lutte contre l'étranger envahisseur; alors, dans leur aveugle rage, ils emploient tous les moyens, la perfidie, l'empoisonnement des puits et des sources, les fausses indications, les mensonges, les guet-apens. Sobres en tout, ils mangent d'une façon gloutonne quand ils en trouvent l'occasion, sans bourse délier. En somme, et avec des différences notables entre les tribus et les individus, c'est une race vigoureuse, intelligente, capable de grandes vertus et de grands défauts, que nous aurons à combattre avec énergie, mais qui, soumise et réduite à l'impuissance de nuire, peut nous être de la plus grande utilité pour l'occupation du Sahara et l'exploitation économique du Soudan.

CHAPITRE IX

LA FRANCE DANS L'AFRIQUE DU NORD

Nous venons de parcourir les principales régions du Sahara et nous avons constaté que la meilleure voie pour unir le Soudan aux pays méditerranéens est tenue par les Turcs; mais après cette puissance, c'est la France qui tient toutes les routes du commerce futur de ces régions, car ni l'établissement anglais du cap Juby au sud du Maroc, ni celui des Espagnols au rio de Ouro, sur la côte atlantique du Sahara, ne peuvent lui faire une concurrence sérieuse, et si, géographiquement, elle n'a pas la situation privilégiée pour ce commerce que la nature a donnée au pachalik turc de la Tripolitaine, elle compense cela par d'autres avantages. Alger est un autre port que Tripoli, le prolongement, sur la côte d'Afrique, de la ligne de Paris-Lyon-Marseille, le débouché dans l'avenir et le lieu de transit d'une bonne part de nos produits industriels; sur ce littoral notre influence est sérieusement assise, et une population de 4 millions de sujets, dont 500,000 Européens, constitue une France coloniale, comme une France nouvelle. D'autre part, par le Sénégal, nous avons atteint le Niger, le grand fleuve des contrées soudaniennes, et notre drapeau flotte sur ses eaux : de ce côté de l'Afrique, un pays vaste, peuplé de plusieurs millions d'hommes, riche en produits précieux pour notre industrie et notre commerce, nous est en partie soumis; il communique lui-même avec des régions extrêmement populeuses, où nous pouvons non pas établir des hommes de notre race, mais trouver un débouché pour les produits de notre travail. Il semble donc qu'une destinée heureuse nous donne en Afrique les chances d'un vaste empire colonial, qui serait pour nous dans une certaine mesure ce que les Indes ont été et sont encore pour l'Angleterre. Malheureusement, les deux grandes fractions de cet empire sont séparées par près de deux mille kilomètres de sables arides, de déserts rocheux; c'est à supprimer ou du moins à réduire cette formidable barrière que la France doit aujourd'hui mettre tous ses efforts, pour se faire sa place dans ce monde nouveau, dans ce monde de l'avenir qu'on appelle le continent africain.

Mais, dira quelque sceptique, pourquoi ces efforts, pourquoi des dépenses énormes; cet empire colonial nous est-il utile, nous est-il nécessaire? Qu'on nous permette de répondre à cette objection préjudicielle par un coup d'œil jeté sur la situation économique de la vieille Europe. Depuis vingt ans, toutes les puissances de cette partie du monde se préoccupent beaucoup de la question coloniale, surtout de ce qu'on pourrait appeler la *question africaine*. L'Angleterre, suivant en cela sa politique traditionnelle, y cherche de nouveaux domaines et étend sa sphère d'action dans l'Afrique orientale, dans les régions de l'Égypte, du Nil et du Cap. L'Allemagne y veut trouver des terres inoccupées, vers lesquelles elle puisse écouler le flot de ses émigrants, de ses colons et de ses produits; de là ses tentatives plus ou moins heureuses dans la baie de Cameroun, au Luderitzland, dans la contrée des grands lacs. L'Italie a fait de même et a porté ses vues du côté du Choa et de l'Abyssinie, et rêve peut-être la conquête de cette Tripolitaine si bien placée pour le commerce. La Belgique elle-même, cet État si prospère, mais si petit, a fondé, sur les rives du Congo et de ses immenses et innombrables affluents, un État vassal, cent fois grand et plus de dix fois peuplé comme la métropole. Il n'est pas jusqu'à l'Espagne et au Portugal, qui, reprenant une glorieuse tradition, interrompue depuis des siècles, n'aient essayé de se réserver des domaines coloniaux pour l'avenir; la première, en revendiquant des droits longtemps oubliés et contestables sur la côte occidentale du Sahara et le rio Muni; le second, en cherchant à établir son autorité sur le vaste pays qui sépare ses deux établissements d'Angola et de Mozambique et en ne craignant pas de soulever vis-à-vis de l'Angleterre un conflit, où le peuple portugais a naguère mis toute son âme. La France pouvait-elle assister à ce partage économique du continent africain sans y revendiquer sa place? Si après la guerre désastreuse de 1870 elle a dû renoncer à une politique de conquête, si elle a dû réserver ses forces pour les luttes redoutables du continent, elle s'est vue cependant entraînée comme par une force supérieure à agir. La Tunisie s'est ajoutée à l'Algérie; il a fallu au Sénégal étendre notre action pour assurer ce que nous occupions de temps immémorial; il a fallu intervenir à Madagascar et notre colonie du Gabon s'est accrue de l'Ogowé. Tout cela a été fait sans enthousiasme, comme à regret; on maudissait le gouvernement qui, disait-on, nous conduisait à des aventures sans profit; on prenait en horreur toute affaire coloniale. Les Chambres marchandaient les crédits nécessaires, liaient les mains aux ministres; la presse et l'opinion criaient qu'éparpiller les forces sur les mers et au loin, c'était ajourner indéfiniment et compromettre les légitimes revanches. Aujourd'hui, le calme semble revenu aux esprits; si l'on condamne tout ce qui paraît être une occasion de stériles efforts, on n'est pas éloigné d'approuver les conquêtes nécessaires et les dépenses productives. On s'intéresse aux études africaines, pour lesquelles on ne montrait jadis qu'un frivole dédain. Des livres signés d'économistes distingués répandent des notions nouvelles ou plus justes que celles qu'on avait autrefois ; des associations et des comités se forment pour l'examen des questions coloniales, pour l'exploration du Sahara, du Soudan, de la région au nord du Congo, pour la propagation de notre langue, de notre commerce, de notre influence [1]. Le gouvernement, les Chambres de commerce, les Sociétés savantes, l'Église envoient partout des voyageurs pour étendre notre action en Afrique.

Si tous les peuples de l'Europe cherchent à y fonder des colonies nouvelles où à étendre celles qu'ils y possèdent, si l'opinion publique, même en France, attache aujourd'hui tant d'importance aux choses d'Afrique et particulièrement d'Algérie, c'est que tout ce mouvement répond à un véritable besoin de l'heure présente, c'est que les gouvernements et les peuples, soit avec une vue nette et précise des choses, soit avec une vague inspiration et presque insconsciente, sentent la nécessité pour la vieille Europe d'achever la conquête et la civilisation du reste du monde, particulièrement de cette terre d'Afrique encore toute barbare. Ce n'est certainement pas pour y déverser le trop plein de ses enfants, car jamais ils ne formeront des colonies de peuplement dans les régions humides et chaudes des tropiques, mais pour parer à des éventualités commerciales et industrielles redoutables. On sait quel incroyable progrès a été réalisé dans la production des vêtements, des outils et autres choses fabriquées; on sait que l'Angleterre en fabrique aujour-

1. Citons seulement ici l' « Association française d'Afrique », l' « Alliance française pour la propagation de notre langue », l' « Armée des Frères de la Croix ».

d'hui infiniment plus que pour ses propres besoins; à un degré moindre il en est de même de la France et de la Belgique ; l'Allemagne, quoique venue en date la troisième dans le concours industriel, nous dispute aujourd'hui le deuxième rang. L'Espagne, l'Italie ont déjà une industrie assez développée et tendent à se passer de plus en plus des produits étrangers. La Russie apparaît aussi en lice, avec ses millions de bras à armer d'outils, avec ses immenses réservoirs de houille et de pétrole.

Ces pays qui ont servi jusqu'à présent de débouché à nos produits leur ferment maintenant la porte ou vont la fermer. Voilà que de l'autre côté de l'Atlantique, les Américains aussi ne veulent plus de nos objets manufacturés et fabriquent eux-mêmes; voilà que les Australiens, les Indiens, les Américains du Sud commencent à faire de même. D'où l'on voit que les grands marchés extérieurs où nous écoulions nos produits vont nous manquer. Que ferons-nous de nos étoffes, de nos savons, de nos bougies, de nos sucres et de tant d'autres choses, que nous leur fournissions en quantité et avec lesquelles nous payions nos achats de matières premières et de denrées coloniales? Que fera l'Angleterre de ses milliards de brasses de cotonnades? Qu'en fera l'Allemagne aussi? Et il faut noter que la production va croissant de jour en jour, que les machines, de plus en plus puissantes, doublent, triplent, décuplent les quantités de produits. N'est-il pas à craindre que nos magasins demeurent bientôt encombrés, que nos ateliers soient forcés de chômer, que notre industrie soit frappée à mort et notre population ouvrière réduite à la mendicité? Ce qui s'est passé en Angleterre, lors du blocus continental, pourrait se reproduire dans des proportions colossales : ce ne serait plus le produit d'une industrie encore dans l'enfance qui demeurerait invendu et inutile dans les manufactures, mais les produits d'une industrie déjà très développée, et cela non dans un seul pays, mais dans la majeure partie de l'Europe. On voit l'étendue et aussi l'imminence d'une telle crise.

L'Angleterre, la première, a compris ce péril; devant la menace de se voir fermer ses anciens marchés, elle a tenté de s'en ouvrir de nouveaux; elle a envoyé ses chassseurs, ses savants, ses missionnaires, ses officiers conquérir les vastes régions populeuses de l'Afrique centrale. Il y a des millions de nègres à vêtir, car tout nègre qui a perdu l'habitude d'aller nu est pour elle un client assuré; il y a des millions de gallons de gin et de rhum à vendre à ces populations enfantines et portées à l'ivresse, et des ustensiles de tout genre, et des armes et de la poudre; en revanche, l'Angleterre trouvera là en abondance les minerais, les matières premières, les denrées coloniales dont elle a besoin. Elle maintiendra ainsi dans son organisme si vaste et si compliqué le mouvement commercial qui en est l'âme. L'Allemagne, quoique plus jeune comme nation industrielle, quoique moins prochainement menacée, est entrée dans la même voie, et, malgré l'absence de traditions coloniales, malgré le manque de marine, elle s'est fait sa place en Afrique, ou, comme on dit en diplomatie, elle s'est réservée pour sa part d'influence une vaste région dans l'Afrique orientale. La France sans doute souffrira moins de la crise économique prochaine; ses exportations, soit à cause de leur nature artistique, soit à cause de l'état économique des peuples qui sont ses principaux clients, ne sont pas encore très menacées. Mais si la menace est à plus long terme, elle n'en existe pas moins; ajoutons que par suite des nouvelles lois douanières, dites protectrices, et qui amèneront de la part des étrangers des représailles, elle doit craindre de ne pas savoir où prendre le coton, les laines, le café, et autres produits des contrées tropicales qu'elle est obligée de demander au dehors pour alimenter son industrie. Il serait donc imprudent pour elle de ne pas marquer la place qu'elle entend se réserver dans le partage que les peuples d'Europe sont en train de faire des contrées encore neuves de l'Afrique; si elle attendait pour le faire l'heure où elle aura absolument besoin de ces marchés, elle commettrait une faute, car alors nous trouverions la place prise par nos concurrents et nous n'aurions qu'à déplorer d'avoir recommencé en plein XIXe siècle les fautes d'un Louis XV, et ce ne serait pas sur un roi qu'on en pourrait rejeter le reproche, ce serait sur la nation elle-même. La France d'aujourd'hui est comptable à la France à venir de ce qu'elle fera ou ne fera pas en matière de politique africaine.

Mais si la France d'aujourd'hui a le devoir de préparer à la France future des colonies et des marchés, en a-t-elle le pouvoir? Ses ressources présentes lui permettent-elles les sacrifices nécessaires? A-t-elle les qualités indispensables pour la création d'un empire colonial, qui ajouterait à la puissance de la métropole, comme les colonies britanniques ont fait le crédit et la grandeur commerciale de l'Angleterre? sans doute nous n'avons ni la nombreuse marine marchande, ni l'industrie extraordinairement active de celle-ci; mais du moins nous venons en bon rang après elle sur ces deux points. D'autre part, nous avons des soldats vaillants et des colons aventureux : surtout nous avons, ce qui est le nerf de toutes les grandes entreprises, des capitaux énormes. Les émissions publiques, le taux toujours baissant de l'intérêt, le concours financier que nous apportons à l'étranger, tout prouve qu'il y a pléthore d'argent en notre pays. Cette surabondance de richesses n'est pas, comme on le pense assez communément, une marque infaillible de prospérité présente et future; l'argent ne vaut que par l'emploi, par la mise en circulation, par ce qu'il amène de production; on sait que l'Espagne tomba principalement à cause de cette pléthore; si la France n'en est pas à redouter de tels effets, il n'en est pas moins certain qu'il y a chez nous encombrement de capitaux et que ceux-ci demeurent peu productifs. Les entreprises coloniales, bien conduites, fourniraient une dérivation utile; que si un courant s'établissait dans ce sens, on verrait bientôt affluer dans des contrées françaises et les féconder, des capitaux qui maintenant s'écoulent vers la Turquie, la Roumanie, l'Égypte, le Brésil, la République Argentine et maint autre pays étranger. Enfin l'aptitude de notre race à coloniser, aptitude que nous nous sommes nous-mêmes déniée, est certaine et attestée dans le passé par ce que nous avons fait au Canada, à Maurice, à la Réunion, dans des temps plus rapprochés par ce que nous avons créé en Algérie et en Tunisie.

La France doit donc avoir des colonies, et elle le peut, avec ses capitaux, son industrie, ses enfants.

Les récentes conventions diplomatiques ont reconnu comme réservée à son influence l'immense surface comprise entre l'Algérie-Tunisie et le lac Tchad, entre une ligne à l'ouest de Radamès et de Rhat et une autre allant de la région de Figuig au banc d'Arguin; dans cette surface sont compris la Sénégambie, le Soudan français, les États de Samory et de Thiéba, les rives du haut Niger, le Mossi et le Gourma, contrées fertiles, riches, populeuses. Cette part n'est peut-être pas la meilleure que nous puissions désirer; elle est toutefois suffisante pour nous procurer d'importants débouchés. Mais entre ces régions d'avenir et notre grande colonie d'Algérie-Tunisie, s'étend le vaste Désert, barrière qu'il faut supprimer ou franchir.

Depuis plus de quinze ans, c'est à faire disparaître ou atténuer cet obstacle qu'ont été consacrés de sérieux efforts qu'on peut résumer dans les conceptions suivantes : créer au sud de l'Algérie-Tunisie une mer communiquant à la Méditerranée et qui rapprocherait tout le Sahara de nos centres de commerce; par un chemin de fer traversant le Désert, mettre en communication les pays méditerranéens et l'Afrique intérieure; enfin améliorer les conditions de culture et d'existence de certaines contrées sahariennes et en quelque sorte coloniser le Désert; conceptions grandioses, qui n'aboutiront peut-être pas avec le plein succès qu'ont rêvé leurs auteurs, mais dont une part semble d'ores et déjà réalisable.

Le premier projet, celui dit de la « Mer Intérieure », fut conçu par Lavigne en 1869, puis repris d'une manière plus scientifique vers 1872 par le commandant Roudaire, qui y attacha son nom. Cet officier explora consciencieusement la région des chotts, qui s'étendent en une longue ligne au sud de l'Algérie et de la Tunisie, et, par des nivellements précis, établit qu'une surface étendue s'y trouvait au-dessous du niveau de la mer et pouvait être inondée; il croyait que cette surface avait été jadis couverte par les eaux et représentait l'ancien fleuve et le lac Triton, que les géographes de l'antiquité décrivent comme se déversant dans la Méditerranée. Rétablir la communication, en perçant le seuil qui sépare ces chotts du golfe de Gabès, c'était, pensait-on, créer une mer intérieure, où navigueraient des flottes, aux bords de laquelle se fonderaient des villes florissantes, où les caravanes viendraient chercher les marchandises d'Europe et apporter celles du Soudan. Cette masse d'eau, donnant à l'air des vapeurs considérables, devait aussi envoyer des nuages et des pluies vers le Désert et modifier de la manière la plus heureuse le climat de surfaces étendues. C'était créer la vie et le mouvement là où il n'y a que de mornes solitudes, et cette conception grandiose éveilla l'enthousiasme et passionna l'opinion. Hélas! ces belles espérances étaient présomptueuses. Dispendieux à l'excès devait être ce gigantesque travail; la mer n'eût été qu'un grand canal difficile à garnir et alimenter d'eau vive et fut devenue bien vite une mer Morte. Il ne resta, après une étude attentive de la question, que la satisfaction d'une reconnaissance précise d'une région jusqu'alors mal connue et que la création de quelques oasis due au forage de puits.

S'il a fallu renoncer à l'espoir d'ouvrir une mer dans le Sahara, il ne paraît pas du moins exagéré que l'on puisse y créer de nombreux points d'eau, y multiplier les oasis, y rendre la vie plus facile et les communications plus commodes. Nous allons, pour prouver notre dire, raconter ce que fit un pauvre et vaillant Châmbi, mort récemment et appelé Bou-Rechba; sa vie aventureuse ne peut manquer d'intéresser le lecteur. Resté tout jeune orphelin, il avait quitté Ouargla pour se rendre à Radamès, accompagné de deux oncles, ses seuls parents au monde. Il les vit massacrer sur la route par une bande de pillards touareg et radamésiens et n'échappa à la mort qu'en se cachant dans des buissons de drinn. Malgré son jeune âge, l'absence d'eau et de vivres, il parvint, après des souffrances inouïes, à se traîner jusqu'aux campements de sa tribu et voua une haine terrible à ses meurtriers. Depuis lors sa vie entière, qui fut longue, ne fut qu'une continuelle razzia, tantôt à l'Est, tantôt à l'Ouest, sur ses ennemis. Les Radamésiens, mis aux plus rudes épreuves, surpris et pillés mainte fois, lui envoyèrent une députation pour traiter de la paix et lui offrirent une fortune; tout fut inutile; il leur répondit qu'il cesserait la guerre lorsqu'ils lui auraient rendu ses oncles vivants, et il persévéra dans cette vendetta sans trêve jusqu'au jour où la vieillesse et la maladie l'empêchèrent de se mouvoir. Dans cette vie de courses continuelles il se trouva souvent avec les siens en des régions dépourvues en apparence de toute eau; quand l'endroit lui paraissait propice, il creusait un puits; il en a creusé dans sa vie une trentaine, dont la moitié dans le désert aride que parcourent les Touareg et les Châmba; quelques-uns sont fort précieux, comme le Hassi-el-Hadjadj, à plus de 700 kilomètres de Ouargla vers le Sud-Est, le Hassi-el-Melah au sud-ouest de Radamès, le Hassi-bou-Rechba dans la région d'El-Byodh. Ce qu'un pauvre Châmbi a pu faire avec sa famille montre ce que la France est capable de réaliser, avec les puissants moyens dont nous disposons pour faire surgir de l'eau des profondeurs souterraines. Sans aller jusqu'à espérer avec quelques savants qu'on pourrait produire partout des merveilles analogues à celles réalisées dans l'Oued-R'ir, on peut croire, d'après les expériences déjà faites, qu'il serait facile de créer dans le Sahara algérien et même dans le Grand Désert un nombre considérable de belles oasis verdoyantes, qui rendraient la traversée infiniment moins dangereuse et moins pénible. Peut-être même l'affluence de l'eau et le reboisement modifieraient-ils d'une façon assez rapide le climat et l'aspect du Sahara.

Mais, de tous les projets relatifs au Sahara, celui qui a le plus occupé l'attention, c'est celui d'un grand chemin de fer, traversant ces contrées arides pour mettre en rapports faciles et rapides les pays méditerranéens et ceux de l'Afrique centrale, c'est le projet du Transsaharien, vaguement énoncé d'abord et comme une pure hypothèse, comme une conception fantaisiste. L'idée fut reprise par un homme d'une haute intelligence, d'une imagination vive, jointe à de rares connaissances techniques, l'ingénieur Duponchel; il la développa avec savoir et enthousiasme, et le projet, du rang des choses rêvées, passa dans celui des choses possibles. Les Américains n'avaient-ils pas réalisé une entreprise plus grande, la jonction de l'Atlantique au Pacifique par une voie ferrée de 7,000 kilomètres? Depuis, les Canadiens et les Russes n'ont-ils pas fait, en matière de chemins de fer, des choses plus difficiles? On a vu, par le récit des explorations sahariennes au premier chapitre, que le gouvernement français avait envoyé des ingénieurs et la mission Flatters pour étudier le tracé d'un Transsaharien; en même temps, des savants étrangers étudiaient le projet d'une voie ferrée partant non de l'Algérie, mais du sud de la Tunisie ou encore de Tripoli. De la sorte on se trouve aujourd'hui en présence de cinq tracés différents, proposés pour la traversée du Sahara. En Algérie, chaque département a voulu avoir le sien; celui de Constantine, préconisant la route par Philippeville-Touggourt-Ouargla, le massif central et l'oasis d'Aïr pour aboutir au lac Tchad; celui d'Oran, déclarant de tout point meilleure la route par Aïn-Sefra, Igli, le Touat, pour arriver sur le Niger à Timbouctou; le département d'Alger espérant d'autre part, à cause de sa position centrale, être traversé par la voie ferrée, mais n'apportant à ce sujet rien de l'enthousiasme de ses voisins. On pense bien que nous ne prendrons pas parti entre ces concurrents; nous nous bornerons à dire et à motiver notre opinion sur la direction générale que doit suivre la voie ferrée, pour qu'elle serve le mieux possible les intérêts de notre commerce à venir.

Et d'abord, quelle partie de l'Afrique centrale le Transsaharien est-il appelé à desservir? La réponse n'est pas difficile; il n'y a que deux régions qui puissent un jour fournir à un commerce très actif; c'est d'abord, à l'Ouest, tout le vaste pays desservi par le Niger, de Bammakou à Sinder; c'est ensuite, à l'Est, la portion voisine du lac Tchad et ses affluents; car il faut, pour alimenter une voie ferrée, un réseau de voies de communication secondaires faciles et ce réseau n'existe qu'au Niger et au lac Tchad. Ces deux points doivent donc être les objectifs : la route par le département d'Oran irait vers le premier, celle du département de Constantine vers le second. Mais l'une ou l'autre négligeraient d'une façon absolue l'une ou l'autre des deux stations extrêmes, et il semble bien que le Transsaharien doive être fait pour desservir toutes les deux à la fois, au moyen d'une bifurcation qui se ferait à l'arrivée au Soudan; quant à la traversée si pénible du Sahara, de cette imposante barrière opposée à notre extension coloniale et économique, il serait bien étrange de la doubler en faisant deux Transsahariens ; celui que l'on fera doit franchir le Désert dans une direction qui permette ensuite aux marchandises de s'écouler, soit vers le Niger, soit vers le Tchad. Un coup d'œil sur la carte montrera de suite que la voie la plus courte qui réponde à cette condition, serait celle aboutissant au coude oriental du Niger aux environs de Bourroun ; Timbouctou, au coude occidental, quoique grande ville de commerce, ne pourrait être choisi pour point terminus, car elle ne commande que le Soudan occidental, et d'ailleurs, si nous devons nous en rendre maîtres, ce ne sera pas en y allant par le Sahara, mais par la vallée supérieure du Niger, où nos colonnes continuent à combattre et à étendre notre empire.

Le point terminus, à nos yeux le meilleur, étant déterminé, il importe de fixer le point de départ, question que nous avons réservée, ne voulant point prendre parti pour l'un des trois départements qui constituent l'Algérie. Qu'on les considère bien sur la carte et on verra tout d'abord que celui d'Oran est trop à l'Ouest, en face de l'Espagne, que celui de Constantine est trop à l'Est, que le seul qui fasse pleinement face à la France, à Port-Vendres, à Cette, à Marseille, c'est le département d'Alger. Ajoutons une autre considération de premier ordre : pour une grande voie commerciale, il est nécessaire qu'elle parte d'un grand centre de commerce, d'un marché où toutes les marchandises s'échangent et s'écoulent, où le vendeur soit toujours sûr de rencontrer un acheteur. Dans l'Algérie actuelle, aussi bien que dans l'Algérie future, il n'y a que la capitale du pays qui puisse jouer ce rôle de grand marché ; il n'y a qu'Alger. Enfin, c'est le seul port qui soit en relations constantes, journalières, rapides, avec Port-Vendres, Cette, Marseille. La tête du Transsaharien ne peut être que là.

Les partisans du Transsaharien par la voie de l'Est et par celle de l'Ouest font à ce sujet une objection que nous ne devons pas passer sous silence et qui ne manque pas de gravité. Ils disent : mais le Transsaharien doit forcément s'attacher au réseau algérien ; or ce réseau, dans le département d'Alger, s'arrête au rebord même du Tell, tandis qu'à l'Est la locomotive siffle sous les palmiers de Biskra, au seuil du Désert, tandis qu'à l'Ouest la voie ferrée, par suite de nécessités stratégiques, a été poussée rapidement jusqu'à Aïn-Sefra, près de la zone des grandes dunes. Par Alger, avant d'aborder le Désert, il vous faudra d'abord établir la voie ferrée dans une zone épaisse du Tell, puis lui faire parcourir toute la surface des Hauts-Plateaux. C'est 400 kilomètres de plus qu'il vous faut faire. Cela est vrai de tout point ; cela prouve surtout que le département d'Alger est demeuré jusqu'à ce jour le plus déshérité des trois, privé de la ligne de pénétration qui lui est indispensable pour le développement de ses ressources économiques. Mais cette voie, qui devrait être faite, même sans idée ultérieure de Transsaharien, cette voie qui est dans la direction la plus avantageuse, il faut la faire tout de suite et rapidement. Jusqu'à Laghouat, elle desservirait les Hauts-Plateaux, riches en moutons et en alfa, puis l'oasis même de Laghouat, notre grande ville militaire du Sud, au delà les industrieuses villes du M'zab : de là, elle s'engagerait dans le Désert par El-Goléa jusqu'à In-Salah, c'est-à-dire à 700 kilomètres du M'zab. Certes cette partie du trajet ne donnerait lieu qu'à un trafic des plus restreints ; mais aussi les difficultés de la construction seraient faibles et le prix de revient peu élevé. Arrivée dans le Tidikelt, la voie desservirait les 300 villages du Touat avec ses millions de palmiers, et il n'est pas douteux qu'on ne trouve là la source d'un trafic rémunérateur ; les dattes seraient expédiées par plusieurs centaines de mille tonnes vers nos contrées d'Europe, soit en nature, soit transformées, comme il est facile, en sucre et en alcool. Les oasis du Touat, à elles seules, légitimeraient la création d'une ligne ferrée; mais les nécessités de la sécurité de l'Algérie et de notre action future au Soudan y ajoutent un intérêt plus puissant encore. De là, la ligne, contournant les coteaux de l'Ahaggar, irait vers les points habités de Silet et de Timissao pour aboutir à Bourroum, sur le Niger[1]. Voilà, dans ses traits essentiels, comment nous concevons le Transsaharien. Si nous agissons avec promptitude, nous pourrons arriver les premiers dans le Soudan, et les lignes que l'on pourrait songer à ouvrir par la Tripolitaine n'auraient plus leur raison d'être; mais il faut pour cela devancer les peuples étrangers et sortir de l'apathie où nous nous engourdissons trop souvent, quand il s'agit des intérêts de notre commerce et de notre avenir.

Ainsi la France semble avoir une noble tâche dans l'Afrique du Nord; après y avoir créé comme une France nouvelle, l'Algérie-Tunisie, il faut qu'elle aille en avant. Il faut qu'elle multiplie les sources de la vie au Sahara, qu'elle augmente son organisme économique algérien, qu'elle supprime l'obstacle sur sa route vers la conquête commerciale du Soudan. Il ne lui manque ni vaillance chez ses soldats pour établir son autorité et réprimer les bandes de pillards, ni savoir chez ses ingénieurs pour trouver la bonne route et y créer les puits et les oasis, ni capitaux pour fournir à ce grand travail. Espérons que l'audace, la clairvoyance de l'avenir et la ténacité ne lui manqueront pas non plus.

1. Nous nous sommes rallié à l'opinion que M. Broussais, conseiller général du département d'Alger, a exprimée dans un livre substantiel : *De Paris au Soudan, Marseille-Alger-Transsaharien*. Alger, in-8°, 1891.

TABLE DES MATIÈRES

TABLE DES GRAVURES

Paris. — Typographie Gaston Née, 1, rue Cassette. — 6011.

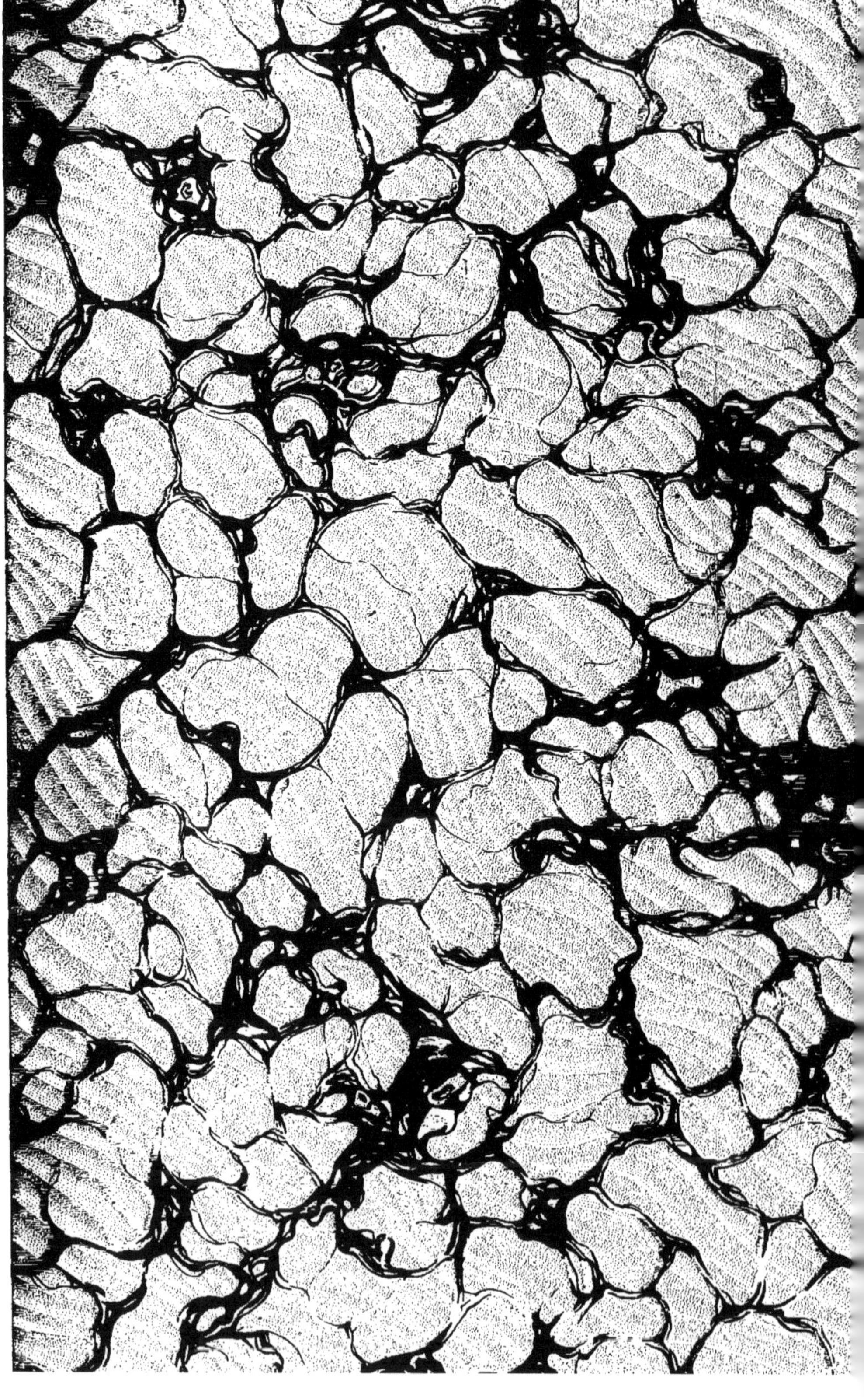

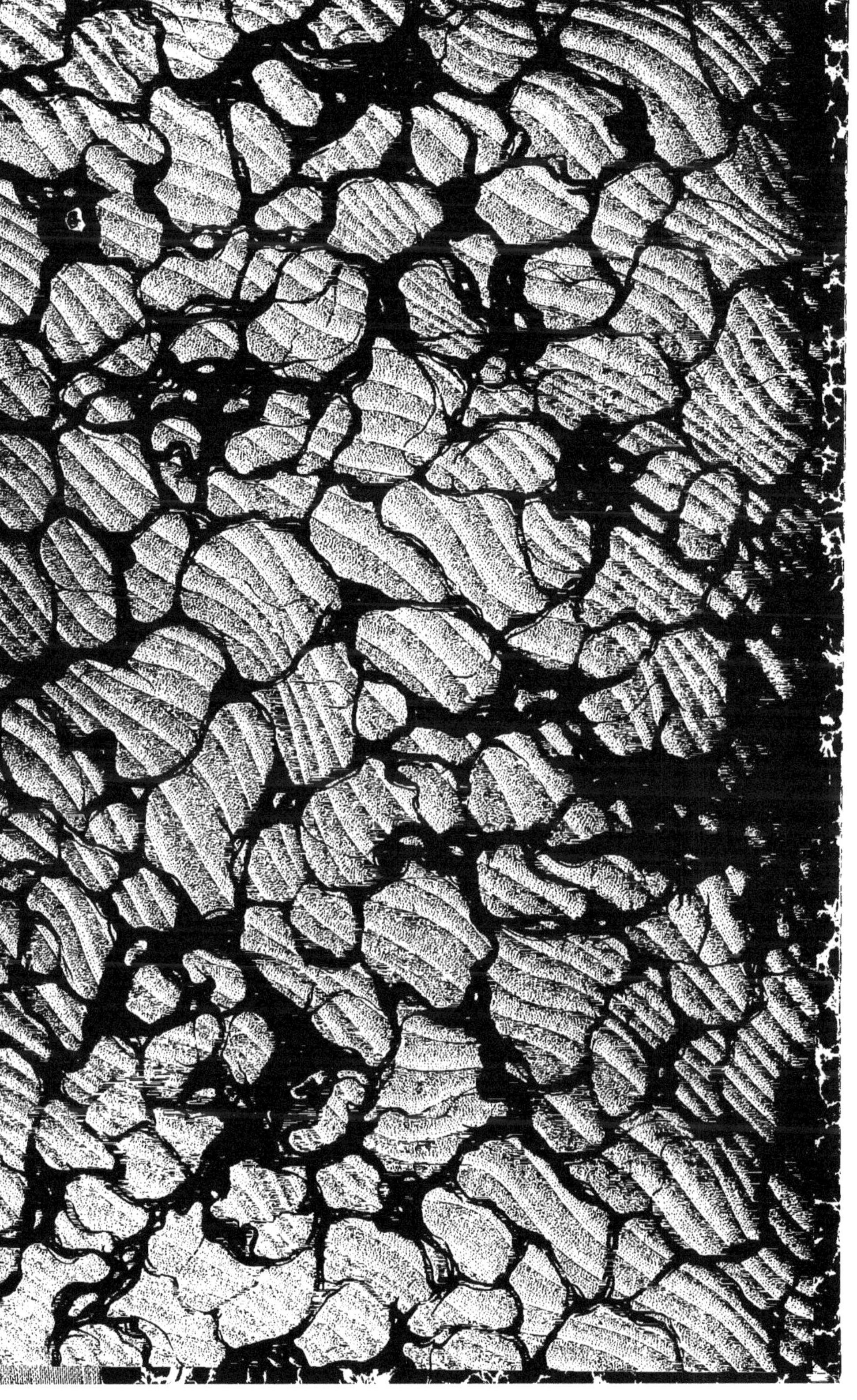

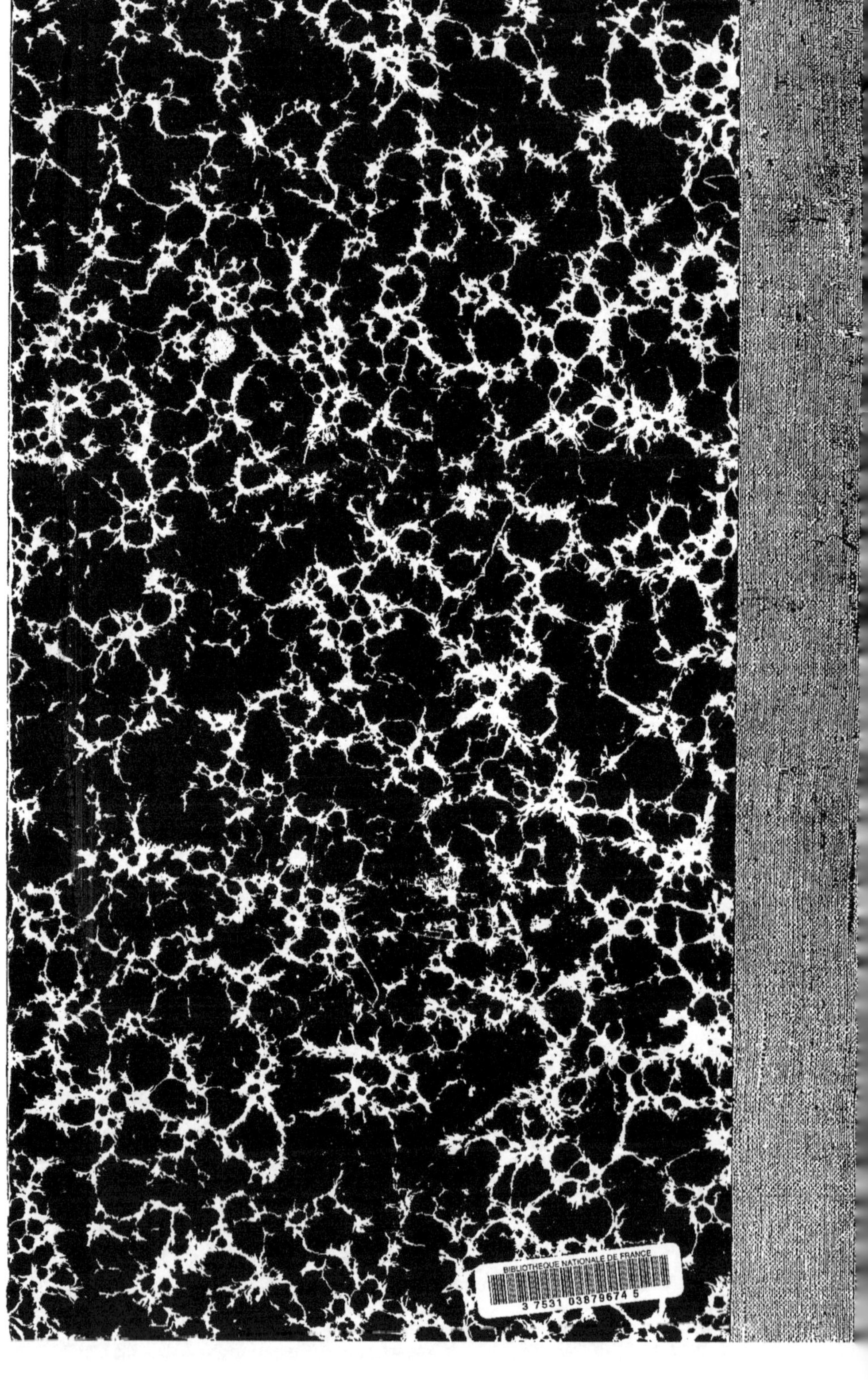
BIBLIOTHEQUE NATIONALE DE FRANCE
3 7531 03879674 5